周口运粮河畔古钱币窖藏

韩严振　李全立　主编

科学出版社
北　京

图书在版编目（CIP）数据

周口运粮河畔古钱币窖藏 / 韩严振，李全立主编. —北京：科学出版社，2022.2

ISBN 978-7-03-071349-0

Ⅰ. ①周… Ⅱ. ①韩… ②李… Ⅲ. ①古钱（考古）－周口 Ⅳ. ①K875.6

中国版本图书馆CIP数据核字（2022）第016841号

责任编辑：张亚娜 樊 鑫 / 责任校对：张亚丹

责任印制：肖 兴 / 书籍设计：北京美光设计制版有限公司

科 学 出 版 社 出版

北京东黄城根北街16号

邮政编码：100717

http://www.sciencep.com

北京汇瑞嘉合文化发展有限公司 印刷

科学出版社发行 各地新华书店经销

*

2022年2月第 一 版 开本：889×1194 1/16

2022年2月第一次印刷 印张：11 3/4

字数：338 000

定价：218.00 元

（如有印装质量问题，我社负责调换）

《周口运粮河畔古钱币窖藏》
编辑委员会

序

韩严振

周口是文化大市，也是文物大市。这里有光辉灿烂的古代文化和众多古代历史遗存，这里历史悠久，文化底蕴深厚，是华夏文明核心传承区之一，也是黄河文化发源地之一，中国发展的每个阶段在周口文物上都有诠释。

周口史前遗址埋藏丰富。所辖淮阳区平粮台遗址和时庄遗址连续两年获评“全国十大考古新发现”，实属罕见而又实至名归。考古证实，周口有目前中国最早的四方对称城墙、城市中轴道路、城市排水系统和道路车辙，以及我国最早的、规划严整的高等级史前城址，开创了中国城市建设规划的先河，在中国城市发展史上具有里程碑式的重要意义。周口是豫东粮仓，时庄遗址被考古证实为一处夏代早期粮仓城，是目前我国最早的功能单一的粮食仓储遗址，对于我们重新认识早期夏王朝的社会组织结构、管理水平和国家治理能力都具有极其重要的学术价值和现实意义。时庄遗址夏粮城的发现再一次证明，周口也应是中国农耕文化的重要发源地。

周口古钱币窖藏埋藏也很丰富。以往见诸报端的如扶沟古城乡楚国金银币窖藏、淮阳南环楚国蚁鼻钱窖藏、扶沟韭园镇古钱币窖藏。近年来，随着基建工地的大量开发，又新发现古钱币窖藏 5 处，如周口城区择邻名苑古钱币窖藏、太康龙曲镇料城村古钱币窖藏、周口港区古钱币窖藏、淮阳张集村古钱币窖藏、周口经济技术开发区运粮河畔古钱币窖藏。其中，周口运粮河畔古钱币窖藏出土古钱币 1000 余斤，品种上起战国明化下至金代大定通宝和南宋淳熙元宝，共计 70 个品种，为明确的金代古钱币窖藏。目前全国出土的多数金代古钱币窖藏，多分布于金国北部境域，尤以金朝龙兴之地东北及附近内蒙古地区为多，而地处金国南部与南宋交界处的南京路陈州周口，是第一次发现金代古钱币窖藏，具有重要价值。周口运粮河畔古钱币窖藏是经过考古发掘，分类整理、明确证实的金代古钱币窖藏，该古钱币窖藏在一定程度上反映了战国至宋、金豫东南黄淮地区的货币及流通情况。窖藏古钱币品类及数量统计对研究金代货币金融制度提供绝佳的素材。同时，这些古钱币也为我们研究宋、金及之前朝代的钱币及其流通提供了全面的实物资料。窖藏中发现的宋、辽、金及越南钱币，是当时不同政权国属间贸易往来和货币流通的佐证。因此，其在一定程度上反映了周口及其周边更广泛地域内的货币流通情况，更是本地经济发展状况的一个写照。

考古遗存和文物是历史文明的见证，早期周口以城市文化和农耕文化两种不同文化属性的形态共存，立体而又丰富地呈现给世人，二者为研究我国国家和文明起源重大课题提供了科学的论据。同时，众多古钱币窖藏的发现，也丰富了历史时期周口社会经济、货币金融等方面的文化内涵。明清时期周口以漕运文化兴盛，后因水患、河道淤塞而没落，文物胜迹多深埋于地下，相信随着日后考古发掘和科学研究的深入，周口会有更多的文化内涵被发掘出来。

历史文化遗产不仅生动述说着过去，也深刻影响着当下和未来。为更好触摸和感受周口悠久的历史和深厚的文化，传承中华优秀文化，丰富社会历史文化滋养，我们把运粮河畔金代古钱币窖藏发掘及整理情况介绍给大家。

是为序。

周口运粮河畔古钱币窖藏初步认识

韩严振　李全立

周口地势平坦，河流交错，土地肥沃，气候适中，较适合人类居住繁衍。优越的自然环境滋养了悠久的历史、灿烂的文化。先民们在这里创造了光辉灿烂的古代文化，留下众多的古代文化遗存，成为中华民族古代文明的发祥地之一，素有“华夏先驱，九州圣迹”之誉。

周口古钱币窖藏埋藏丰富。1974年扶沟古城乡发现金银币窖藏，1980年淮阳南环发现楚国蚁鼻钱窖藏，同年扶沟韭园镇发现古钱币窖藏。近几年，基建工地大量增多，新发现古钱币窖藏5处，分散于周口市区、港区、太康和淮阳。其中，2018年10月在周口市经济技术开发区运粮河畔安置房工地，发现大量古代钱币，应属窖藏，具有重要价值。

一、古钱币窖藏概况

古钱币窖藏埋藏于周口市区运粮河畔安置房建设工地，命名为周口运粮河畔古钱币窖藏。经清理发掘，发现南北排列两处古钱币窖藏遗存。北部为陶缸窖藏，南部为砖砌窖藏。

按暴露发现顺序，砖砌窖藏简称为J1，陶缸窖藏简称为J2。J1为南北向长方形砖砌窖藏，长约115厘米，宽约62厘米，高40厘米。窖藏方式为：先南北向挖一长方形土坑，并在坑底纵向对缝平铺一层砖，四周横向叠砌两层侧砖，最后顶部再用素面灰砖和单菱形几何纹砖平铺一层封存。J2为陶缸窖藏，陶缸口径约55厘米，底径30厘米，通高60厘米，缸口由素面灰砖平砌两层封盖，仅存东部残存。

J1保存完整，出土钱币共计12万余枚，重约700斤，均为铜钱，保存较好。品种上起战国燕国明化下至金代大定通宝和南宋淳熙元宝背“十五”。留存有战国、西汉、新莽、东汉、北齐、南陈、隋、唐、五代十国、北宋、辽、金、南宋，以及越南的古钱币。J2 东部残存窖藏钱币共计 5 万余枚，重 300 多斤，分铜钱和铁钱两种。铁钱锈蚀严重，不易分离，仅能辨识出两枚大定通宝。铜钱品种上起西汉半两下至金代大定通宝和南宋淳熙元宝背“柒”，留存有西汉、新莽、东汉、南陈、隋、唐、五代十国、北宋、辽、金、南宋，以及越南的钱币。J1 和 J2 窖藏钱币共计 70 个品种。

整理两处窖藏钱币遗存，发现部分稀少的铜钱，如战国燕国明化，北齐常平五铢，隋代五铢，前蜀天汉元宝、光天元宝、乾德元宝、咸康元宝，后汉汉元通宝，南唐大唐通宝，辽代大康通宝、大安元宝、寿昌元宝、乾统元宝，北宋靖康元宝等。

J1 古钱币种类上起战国燕国明化下至金代大定通宝和南宋淳熙元宝背“十五”，窖藏钱币时间应在 1188 年以后。J2 古钱币种类上起西汉半两下至金代大定通宝和南宋淳熙元宝背“柒”，古钱币入藏时间应稍早于 J1，窖藏钱币时间应在 1180 年以后。两处古钱币窖藏应为金世宗时期入藏。此时，该地隶属金国南京路陈州，故两处窖藏均为金代古钱币窖藏。

二、金代古钱币窖藏河南概况

古钱币窖藏遗存在全国屡有发现，论其出土范围之广、数量之大，莫过于金代窖藏古钱币。据笔者统计，截至目前，全国仅发表出来的金代古钱币窖藏遗存就有百余处，遍布整个金朝统治区域。分布数量大体以东北居多，中原次之，西北最少。类同周口运粮河畔金代钱窖，铜钱品种截至金代大定通宝、南宋淳熙元宝的窖藏遗存，河南境内就有 9 处。

1962 年 7 月，邓县王砦村发现一个钱窖，出土铜钱重达 1500 公斤。品种上起西汉半两晚至南宋淳熙元宝 [1]。1963 年 8 月，渑池县城城关发现一座古钱窖，出土铜钱重 1000 多公斤。品种上起西汉半两下至金代大定通宝、南宋淳熙元宝 [2]。1966 年 2 月，洛宁县出土两批古铜钱：一批出在南赵村，出土铜钱 360 公斤，品种上起唐开元通宝下至南宋淳熙元宝、金代正隆元宝；另一批出在田凹村，出土铜钱 275 公斤，品种上起唐开元通宝下至南宋淳熙元宝、金代正隆元宝 [3]。1969 年 11 月，临汝县城关发现两瓮窖藏铜钱，铜钱总重 510 公斤。品种上起西汉半两，下至金代大定通宝、南宋淳熙元宝背“十二”[4]。1980 年 8 月，浚县新镇乡马河村发现一大陶瓮，瓮内整齐地盘放着大量铜钱。种类上起西汉半两下至金代大定通宝、南宋淳熙元宝背“十二”[5]。1983 年 1 月，息县发现了一个钱窖，出铜钱 1300 余斤。铜钱品种上起西汉半两下至金代大定通宝、南宋淳熙元宝 [6]。1983 年 6 月，沁阳县崇义乡金塚村发现一窖藏铜钱，总重 300 余公斤。品种上起西汉半两下至金代大定通宝、南宋淳熙元宝背“十三”[7]。1984 年 9 月和 1985 年 4 月，汤阴县两次发现窖藏铜钱，总重 800 多斤。铜钱品种上起战国秦半两，下至金大定通宝 [8]。2004 年 2 月，洛阳老城南关发现一处钱币窖藏，铜钱共计 354.46 公斤。品种上起战国秦半两，下至金代大定通宝、南宋淳熙元宝背“十四”[9]。

比对已发表的古钱币窖藏资料发现，河南境内共有 12 处金代古钱币窖藏遗存，其中 9 处贮藏时间截至金代大定、南宋淳熙年间，且多数分布于豫西北，豫东南仅有一处遗存。

三、窖藏古钱币时间

此类窖藏古钱币的下限品种多为金代大定通宝或同时期南宋淳熙元宝，即以南宋淳熙元宝（1174 年至 1189 年）和金代大定通宝（1178 年至 1189 年）的铸行年代为最晚，贮藏古钱币时间应在 1178 年之后，下限不超过 1190 年。公元 1190 年，宋、金皆更朝改元，金章宗完颜璟改元“明昌”，南宋光宗赵惇改元“绍熙”，并于绍熙元年铸绍熙元宝。此时还未到金宣宗实施限钱法和“权禁现钱”，铜钱可以有限流通的，按宋金正常货币流通，理应收纳大定通宝及淳熙元宝以后的铜钱，但此类窖藏均未见 1190 年之后的宋、金铜钱。可以推断，钱窖埋藏时间大致在金世宗或金世宗与金章宗之间。

如上所述，周口运粮河畔金代钱窖 J1 出土有淳熙元宝背“十五”（1188 年）纪年铜钱，故 J1 入藏时间应在 1188 ～ 1190 年为妥。同理，J2 出土淳熙元宝背“柒”（1180 年）纪年铜钱，入藏时间应稍早于 J1，J2 贮藏时间应在 1180 ～ 1190 年较妥。

四、窖藏古钱币原因

金代多窖藏铜钱，关于周口运粮河畔此类金代铜钱窖藏集中出现的成因，认同较广的观点如下。

谷潜认为自金贞元二年（1154 年）强制发行纸币交钞以后，朝廷收兑了大量铜钱，广大人民害怕纸币贬值，所以把铜钱贮藏起来[10]。王禹浪认为是金代富商官僚为了永久占有社会财富，操纵市场，将大量铜钱窖藏起来。这是造成金代铜钱短缺的重要原因，亦是金代窖藏铜钱的关键。同时民间为了逃避政府禁铜政策及销钱作铜的需要，也有藏匿铜钱者[11]。李东认为金代窖藏铜钱的出现不是偶然，应是当时货币经济乏力所致。直接原因是政府限钱法的推行。即明昌五年（1194 年）实行限钱，法虽严却“人多不遵”，至泰和四年（1204 年）作罢。从此铜钱在限钱法推行后，被更多地贮藏起来[12]。黄一义认为是战争来临，人民逃亡之前所为[13]。

概括起来，此类时间窖藏钱币原因有以下四点。

①金朝强制发行纸币交钞后，并收兑了大量铜钱，广大人民害怕纸币贬值，把铜钱贮藏起来。②金朝缺铜，富商官僚为了永久占有社会财富，操纵市场，逃避禁铜政策及禁止销钱作铜的政策，将大量铜钱窖藏起来。③金代限钱的相关政策，铜钱在限钱法推行后，被更多地贮藏起来。加之纸币的贬值，民间贸易多用现钱，铜钱的地位愈被看重，积贮情况也就愈突出。金末宣宗施行“权禁现钱”，禁止铜钱流通，使得铜钱失去货币流通功能，但作为贵重金属的贮藏职能更加显现。④金统治时战乱频繁，民心不稳，处于交通要道的豪强巨贾，为避战乱而把铜钱窖藏。

第一种确实有道理，对交钞不信任心理是铜钱贮藏的心理基础。但在时间上尚有待推敲，因为此类窖藏钱币的出现相比较交钞发行时间要晚些，多集中在金世宗后期。第二种说铜钱的大量贮藏为富商官僚所为诚为重要，以平民的生活状况而言，欲有这样规模的积贮应是不太可能。第三种限钱法和禁止铜钱流通是在金章宗时期，时间点偏后。第四种认为战争来临，人们将铜钱埋于地下逃亡他乡，从规模和数量上看有欠说服力。众所周知，大量的金代窖藏在金统治的广大版图内均有发现，逃亡所为的说法难于成立。况且，从发表的古钱币窖藏遗存资料看，古钱币的摆放及埋藏方式都是有目的，有准备，有计划的，绝非战争仓皇所为。但不管哪种看法，可以归纳为统一的观点：即金代窖藏铜钱现象除了特殊原因（战乱）之外，主要是由于金代的货币制度所致。

张新斌、蔡海玉也认同此观点，认为金代铜钱窖藏不仅在数量上空前绝后，从其特制的贮藏窖穴以及有序串放铜钱来看，与其躲避战乱而仓促掩埋显然是有区别的。另外，金代窖藏铜钱集中埋藏于金主亮和金世宗时期，在当时金朝对宋的大规模征战已告一段落，宋、金基本处于相持阶段。因此，金代铜钱窖藏应与当时的社会经济关系密切[14]。

金代窖藏铜钱集中埋藏于金主亮和金世宗时期，其时所实行的是以钱为主，钱钞并行的货币制度。那么，在这种“钱钞并行”的货币制度下，贮藏铜钱是必然的现象。

据《金史·食货志》记载，至明昌五年（1194年）三月，宰臣奏：“民间钱所以艰得，以官豪家多积故也。”金国这一民间用钱艰难的难题，在章宗时期依然存在。作为金属货币，铜钱在执行货币职能之时，具有“蓄水池”的功能，也就是说，当流通领域不需要更多的货币的时候，铜钱会自发地执行其储藏功能，退出流通领域。“官豪家多积”即贮藏铜钱的原因，主要是在钱钞并行的货币体系下，由于交钞的过量流通，把铜钱从货币流通领域里驱逐出来，从而产生了“官豪家多积”的现象。

笔者赞同裴铁军所述，金代货币领域所出现的“钱荒”现象，应该说，“钱荒”不是货币流通手段的缺乏，而是货币政策造成的一种失衡，就其产生根源而言，源于钱钞并行的货币运行体系中，格雷欣法则[15]作用下的劣币驱逐良币。“既然钱钞并行，循恶货币驱逐良货币的法则，人民势必将现钱收藏，新铸的钱，转瞬即行匿迹。因此，铜钱永无足时，纸币势必永远行使。”[16]故《金史·食货志》明确记载，大定二十八年即1188年，上谓宰臣曰：“今者外路见钱其数甚多，闻有六千余万贯，皆在僻处积贮。”[17]这就是此类窖藏古钱币的客观原因和真实写照。

五、窖藏古钱币流通情况

两处窖藏古钱币种类丰富，为周口地区少见，部分铜钱因发行时间短、流通范围小、存世量少，显得尤为珍贵，具有很高的研究价值。

出土古钱币品种上自战国燕国明化，下迄金代大定通宝和南宋淳熙元宝，在一定程度上反映了战国至宋金黄淮地区的货币及流通情况，与这一时期的社会经济生活联系密切。其中，以北宋铜钱品种和数量最多，唐代铜钱为次。这些古钱币为我们研究宋、金及之前钱币及其流通提供了全面的实物资料。

宋代及以前的古钱币得以较好地保存到金代大定和南宋淳熙年间，其主要原因是金代铜源少，政府准许旧钱流通，并同交钞并行使用。这使得北宋及以前的铜钱得以大量保存的同时，也促进宋代以前的铜钱再一次进入流通领域。

窖藏中发现的金、南宋及越南钱币，是当时不同政权国属间贸易往来和货币流通的佐证。金国使用的铜钱，主要是由南方流入的唐、宋钱，而金自铸钱较少。金代一向严禁铜钱出境，并禁毁钱为器。故窖藏出土金钱较少。

金代特别是世宗期间，中原腹地经济人口得到进一步发展，并超越原先北宋时期人口规模，经济社会得到很大发展，这也促进了货币的流通。其中越南钱币天福镇宝背“黎”，受到了北宋文化的影响，钱文隶书，字体笔画粗放，有北宋钱文风格。通过海外贸易，越南黎朝货币在宋金商品交换领域中广泛流通，又因黎朝铸钱使用汉字，仿北宋钱币风格，故而在流通中应未受到排斥，以致在以后明初钱窖中都有发现。

周口运粮河畔古钱币窖藏中发现的留存至今的各代钱币，都曾作为货币流通。因此，其在一定程度上反映了周口及其周边更广泛的地域内的货币流通情况。同时也是该地经济发展状况的一个写照。

六、结　　语

周口运粮河畔两处古钱币窖藏品种下限至金代大定通宝、南宋淳熙元宝，为明确的金代古钱币窖藏，为周口市区首次发现，是周口考古工作的重要收获，为周口市近一时期发现较重要的古钱窖之一，是难得的实物资料。

文物遗存是历史文明的证物。这些古钱币窖藏证实了周口文物埋藏丰富，佐证了周口历史悠久，文化灿烂。同时纵向上把周口经济的繁荣时间点从明清周家渡口向前推至宋金时期。考古地层表明，运粮河畔宋金地层以上全部为河流淤积土，未再见金代以后遗物。发掘中还发现，大部分灰坑中都有铜钱弃置，不光小平钱，折二、折十的铜钱也比较常见。对于这种弃置铜钱现象，史料是有记载的：金宣宗贞祐三年（1215 年）四月，宣宗下令“权禁现钱”，废除了铜钱的货币功能，从官方意义上讲，铜钱正式退出了市场流通领域。《金史》对金废止铜钱评价认为，“识者惜其既不能重无用之楮，而又弃自古流行之宝焉”[18]。《归潜志》也评价到：“嗟夫！钱为至宝，自古流行，今日弃置与瓦砾等，而以诸帛相诳欺，无怪乎天下之远。”[19] 史料所述与弃置铜钱现象比较吻合。如上所述，周口运粮河畔遗存为唐至宋金延续时间较长的聚落遗址，后应废置于金末。运粮河畔见证了周口唐至宋金的经济繁荣，虽经历元代的断层，但到明清时期又形成了“万家灯火侔江浦，千帆云集似汉皋”的繁荣景象。

注释

[1] 魏仁华 . 河南邓县发现大批古钱 . 考古 , 1964（8）: 426.

[2] 赵新来 . 河南渑池宜阳两县发现大批古钱 . 考古 , 1965（4）: 213.

[3] 吕品 . 洛宁县发现大批古钱 . 考古 , 1965（11）: 594.

[4] 洛阳市文物工作队 . 临汝县出土一批金代窖藏铜钱 . 中原文物 , 1984（3）: 64.

[5] 河南省文物考古研究所 , 郑州市考古干部专科学校 . 河南浚县出土的窖藏铜钱 . 华夏考古 , 1997（4）: 27.

[6] 石建国 , 张泽松 . 息县发现宋代窖藏钱币 . 考古 , 1987（8）: 768.

[7] 李建兴 . 河南沁阳县金塚村发现窖藏铜钱 . 华夏考古 , 1990（2）: 80.

[8] 王波清 , 司玉叶 . 河南汤阴出土金代窖藏铜钱 . 中国钱币 , 1988（2）: 59.

[9] 周立 . 洛阳南关发现金代钱币窖藏 . 中国钱币 , 2006（3）: 64.

[10] 谷潜 . 扶余一处窖藏出土的古钱 . 博物馆研究 , 1984（3）: 21.

[11] 王禹浪 . 浅谈金代的窖藏铜钱及其货币制度 . 中国钱币 , 1985（4）: 24.

[12] 李东 . 从吉林境内的金代窖藏铜钱谈当时的货币经济 . 北方文物 , 1997（8）: 42.

[13] 黄一义 . 吉林金代窖藏铜钱的几个问题 . 中国钱币 , 1985（4）: 22.

[14] 张新斌 , 蔡海玉 . 辉县金代窖藏铜钱及相关问题 . 中原文物 , 1991（4）: 83.

[15] 英国人格雷欣认为 , 在复本位制下 , 两种实际价值不同而名义价值相同的金银铸币同时流通时 , 实际价值较高的通货 , 即所谓良币 , 必然会被熔化、收藏或输出 , 从而退出流通界；而实际价值较低的通货 , 即所谓劣币 , 反而充斥市场 . 刘鸿儒 . 经济大辞典（金融卷）. 上海 : 上海辞书出版社 , 1989 : 15.

[16] 吕思勉 . 吕著中国通史 . 上海 : 华东师范大学出版社 , 1992 : 197.

[17] 脱脱 , 等 . 金史・卷四十八・食货志三 . 北京 : 中华书局 , 1975 : 1072.

[18] 脱脱 , 等 . 金史・卷四十八・食货志三 . 北京 : 中华书局 , 1975 : 1083.

[19] 刘祁 . 归潜志・卷十 . 北京 : 中华书局 , 1983 : 109-110.

目 录

战国—南北朝铜钱 ……3

一、战国铜钱 ……4

燕国明化 ……4

二、西汉铜钱 ……5

1. 四铢半两 ……5

2. 西汉五铢 ……7

三、新莽铜钱 ……10

货泉 ……10

四、东汉铜钱 ……13

1. 东汉五铢 ……13

2. 剪轮五铢 ……15

五、三国铜钱 ……16

魏五铢 ……16

六、南北朝铜钱 ……17

1. 北齐常平五铢 ……17

2. 陈五铢 ……18

3. 其他五铢 ……19

隋唐铜钱 ……20

一、隋代铜钱 ……21

隋五铢 ……21

二、唐代铜钱 …… 22
1. 开元通宝 …… 22
2. 会昌开元通宝 …… 31
3. 乾元重宝 …… 40

五代十国铜钱 …… 44

一、后晋铜钱 …… 45
天福元宝 …… 45
二、后汉铜钱 …… 46
汉元通宝 …… 46
三、后周铜钱 …… 47
周元通宝 …… 47
四、前蜀铜钱 …… 50
1. 天汉元宝 …… 50
2. 光天元宝 …… 51
3. 乾德元宝 …… 52
4. 咸康元宝 …… 53
五、南唐铜钱 …… 54
1. 开元通宝 …… 54
2. 唐国通宝 …… 56
3. 大唐通宝 …… 58

两宋铜钱 …… 59

一、北宋铜钱 …… 60
1. 宋元通宝 …… 60
2. 太平通宝 …… 67
3. 淳化元宝 …… 69
4. 至道元宝 …… 70
5. 咸平元宝 …… 71

6. 景德元宝 …… 72
7. 祥符元宝 …… 73
8. 祥符通宝 …… 74
9. 天禧通宝 …… 75
10. 天圣元宝 …… 76
11. 明道元宝 …… 77
12. 景祐元宝 …… 78
13. 皇宋通宝 …… 79
14. 庆历重宝 …… 81
15. 至和元宝 …… 82
16. 至和通宝 …… 83
17. 嘉祐元宝 …… 84
18. 嘉祐通宝 …… 85
19. 治平元宝 …… 86
20. 治平通宝 …… 87
21. 熙宁元宝 …… 88
22. 熙宁重宝 …… 90
23. 元丰通宝 …… 91
24. 元祐通宝 …… 95
25. 绍圣通宝 …… 98
26. 绍圣元宝 …… 99
27. 元符通宝 …… 103
28. 圣宋元宝 …… 105
29. 崇宁重宝 …… 109
30. 崇宁通宝 …… 111
31. 大观通宝 …… 113
32. 政和通宝 …… 115
33. 宣和元宝 …… 117
34. 宣和通宝 …… 118
35. 靖康元宝 …… 121

二、南宋铜钱 …… 122

1. 建炎通宝 …… 122
2. 绍兴通宝 …… 124

3. 绍兴元宝 …… 125
4. 隆兴元宝 …… 127
5. 乾道元宝 …… 128
6. 淳熙元宝 …… 130

辽金钱币 …… 134

一、辽代铜钱 …… 135

1. 大康通宝 …… 135
2. 大安元宝 …… 136
3. 寿昌元宝 …… 137
4. 乾统元宝 …… 138

二、金代钱币 …… 139

1. 正隆元宝 …… 139
2. 大定通宝 …… 140

外国铜钱 …… 141

越南铜钱 …… 142

天福镇宝 …… 142

生产生活、铸造工艺、装饰或风俗信仰相关铜钱 …… 143

1. J1 …… 144
2. J2 …… 160
3. 其他 …… 168

后记 …… 169

古钱币窖藏发现于周口市经济技术开发区运粮河畔安置房建设工地，出土古钱币约17万枚，重1000余斤，含70个品种，材质分铜和铁。古钱币品种时代跨度大，始于战国燕国明化，止于南宋淳熙、金代大定年间。博物馆展览、私铸及不可辨识的300余斤古钱币不做叙述，只将如下窖藏古钱币予以介绍。

战国——南北朝铜钱

一、战国铜钱（1个品种）

燕国明化

J1有1枚，J2无，共计1枚。

战国末年燕国所铸方孔圆钱。背平素。钱文由右至左读[1]。大篆。

J1：159

径24.40毫米，厚1.25毫米，重2.81克[2]。战国燕国明化，花穿，背平素。

[1] 钱文读法除开元通宝、汉元通宝、周元通宝、宋元通宝外，基本参照唐石父主编《中国古钱币》第七章《古钱读法》（上海古籍出版社，2001年）。

[2] 称重使用马头牌电子称（YP-B2002），最大量程200克，精度0.01克。

二、西汉铜钱（2个品种）

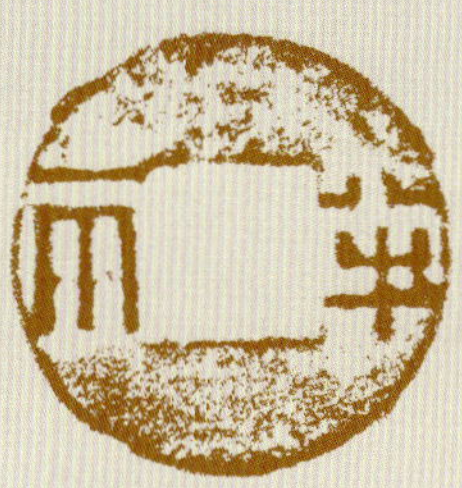

1. 四铢半两

J1、J2分别有32、12枚，共44枚。

西汉文帝前元五年（前175年）始铸。钱文由右至左读。篆书。钱体外郭有无及“两”字写法有别。

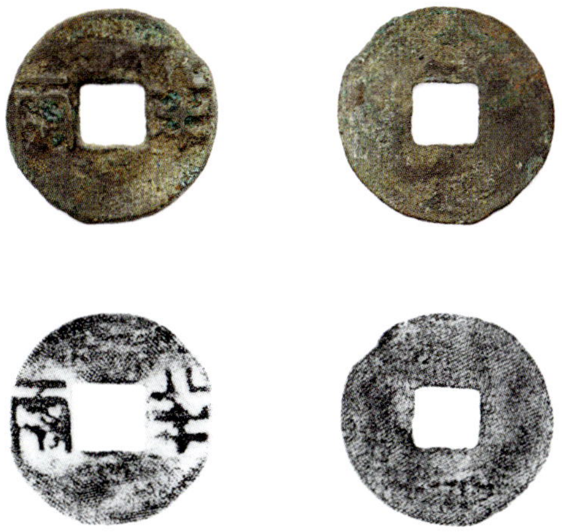

J1：55

径23.82毫米，厚1.10毫米，重2.62克。西汉四铢半两，面无外郭，狭穿，背平素。

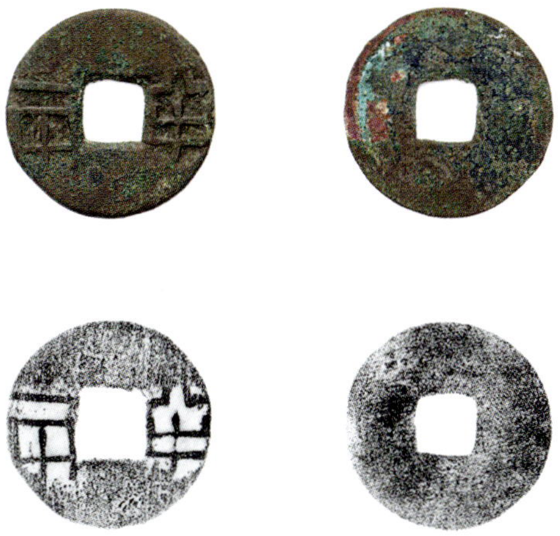

J1：161

径22.92毫米，厚0.95毫米，重2.10克。西汉四铢半两，面无外郭，连山“两”，狭穿，背平素。

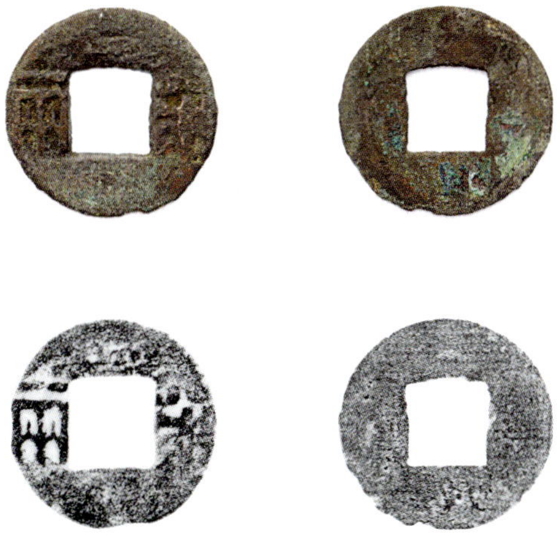

J1：47

径23.61毫米，厚1.10毫米，重2.30克。西汉四铢半两，面无外郭，双人“两”，背平素。

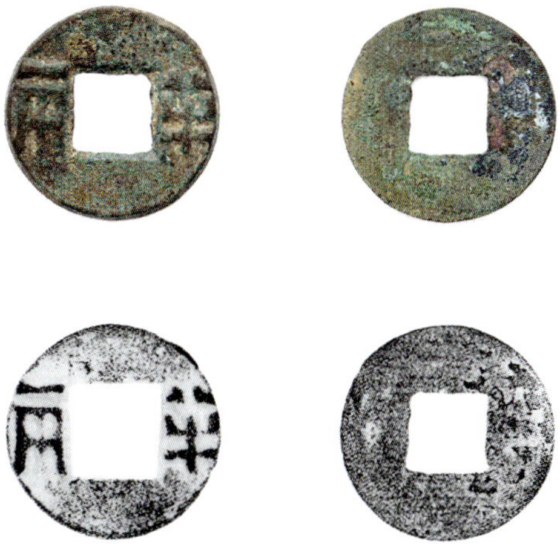

J2：147

径23.64毫米，厚1.04毫米，重2.55克。西汉四铢半两，面无外郭，十字“两”，背平素。

J2：150

径22.99毫米，厚1.31毫米，重2.74克。西汉四铢半两，面无外郭，面穿上有竖纹，背平素。

J1：87

径23.12毫米，厚1.30毫米，重2.72克。西汉四铢半两，面有外郭，背平素。

2. 西汉五铢

J1、J2 分别有 20、11 枚，共 31 枚。

西汉武帝元狩五年（前 118 年）始铸。钱文由右至左读。篆书。分郡国五铢，武帝五铢，昭、宣帝五铢及面背标识多种。

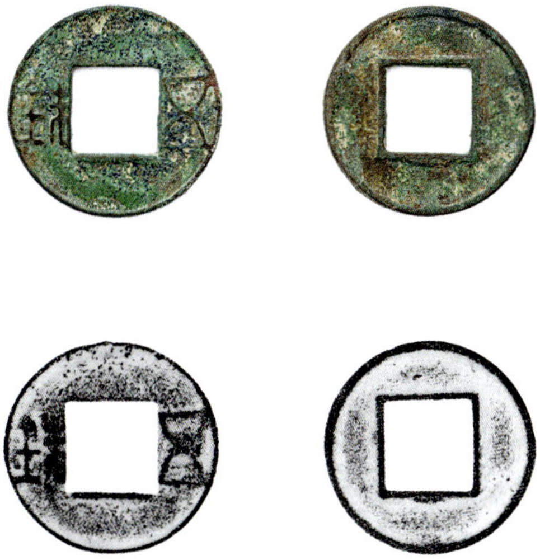

J2：41

径25.30毫米，厚1.52毫米，重3.49克。西汉郡国五铢，面穿下横杠，背无文。

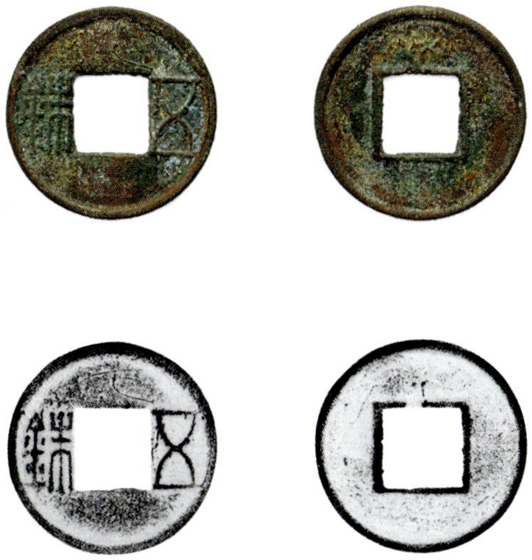

J1：175

径25.69毫米，厚1.51毫米，重2.95克。西汉上林三官五铢，背无文。

J2：176

径25.27毫米，厚1.67毫米，重3.26克。西汉武帝五铢，背无文。

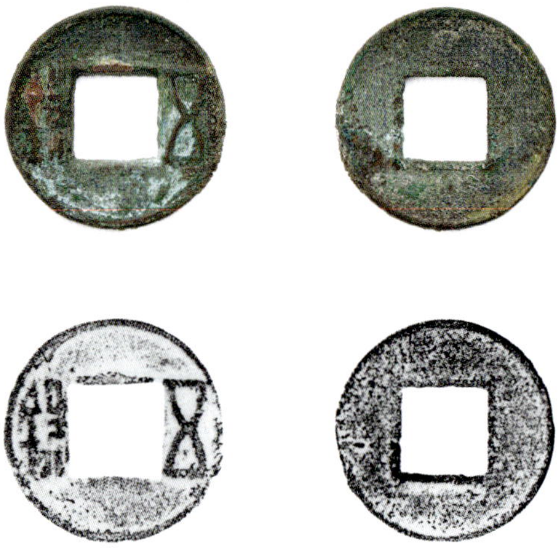

J1：181

径25.48毫米，厚1.53毫米，重3.81克。西汉武帝五铢，面穿上横杠，背无文。

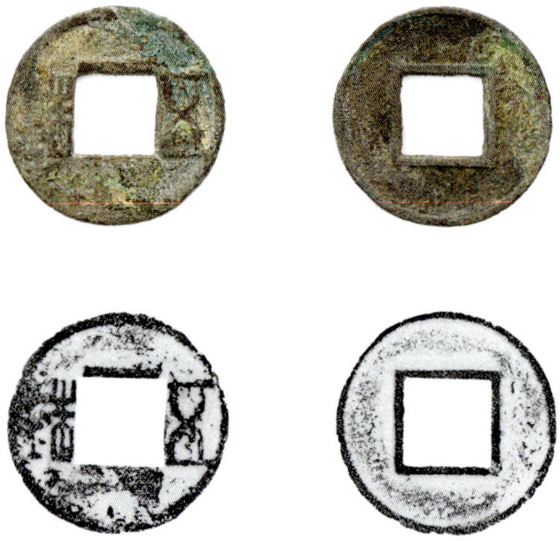

J2：39

径25.20毫米，厚1.30毫米，重2.52克。西汉昭、宣帝五铢，面穿上横杠，背无文。

J2：171

径25.85毫米，厚1.92毫米，重3.49克。西汉昭、宣帝五铢，面穿下半星，背无文。

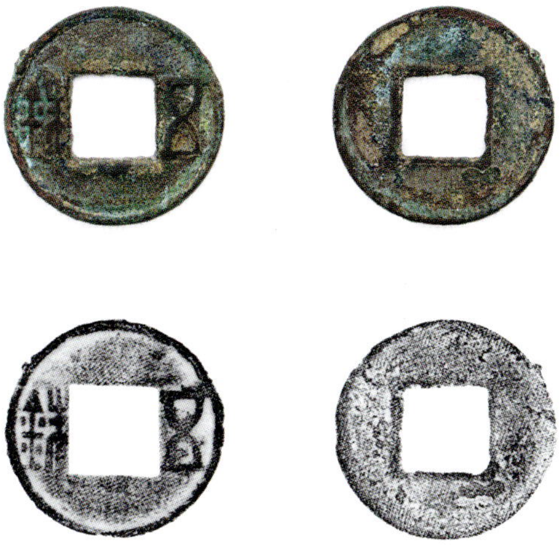

J2：172

径25.17毫米，厚1.55毫米，重4.05克。西汉五铢，五内下星，穿下半星，背无文。

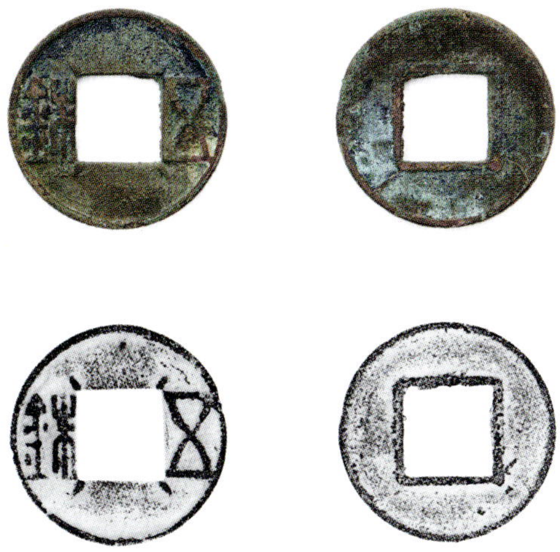

J2：119

径25.10毫米，厚1.71毫米，重4.16克。西汉五铢，面四决，背无文。

J2：178

径25.95毫米，厚1.45毫米，重2.79克。西汉五铢，背四决。

三、新莽铜钱（1个品种）

货泉

J1、J2分别有34、49枚，共83枚。

新朝天凤元年（14年）始铸。钱文由右至左读。钱体内郭有无及面背标识有别。

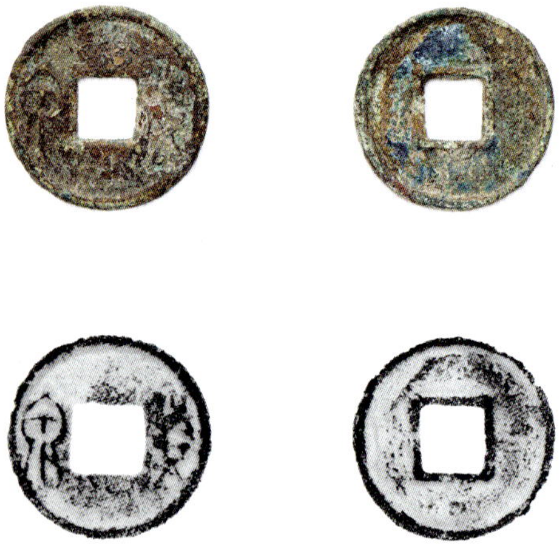

J2：145

径21.96毫米，厚1.58毫米，重2.50克。新莽货泉，面无内郭，狭穿，背无文。

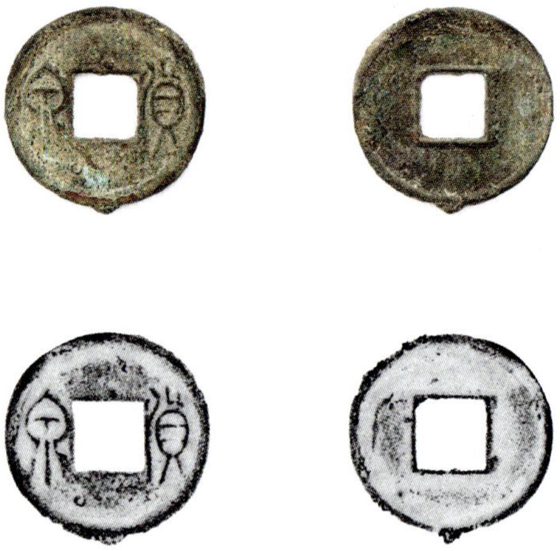

J2：142

径22.36毫米，厚1.47毫米，重1.96克。新莽货泉，面无内郭，面穿上星，背无文。

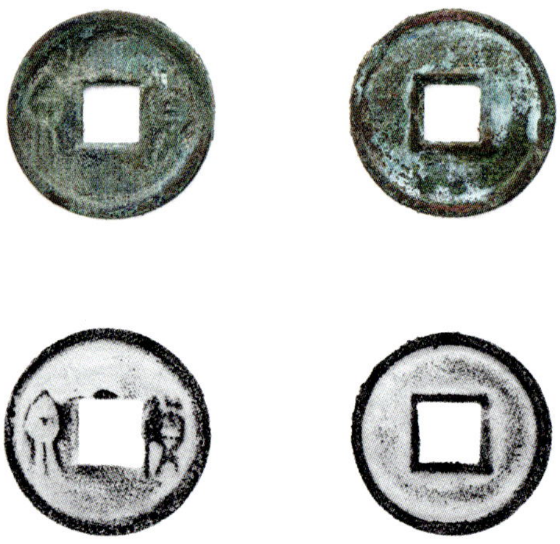

J2：146

径22.85毫米，厚1.51毫米，重2.61克。新莽货泉，面无内郭，面穿上半星，狭穿，背无文。

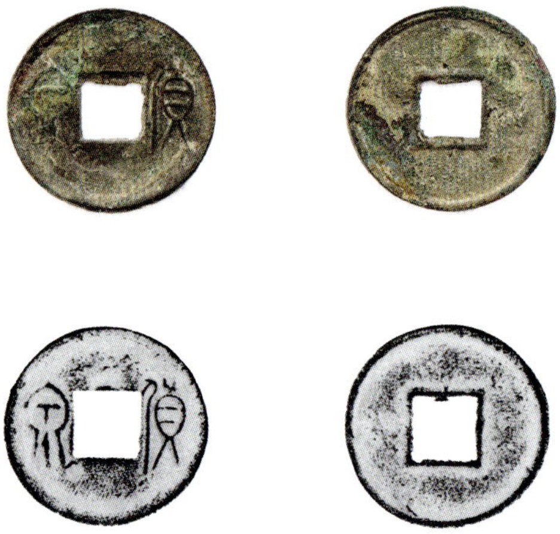

J2：38

径23.13毫米，厚1.78毫米，重3.13克。新莽货泉，面无内郭，面穿上半星，背无文。

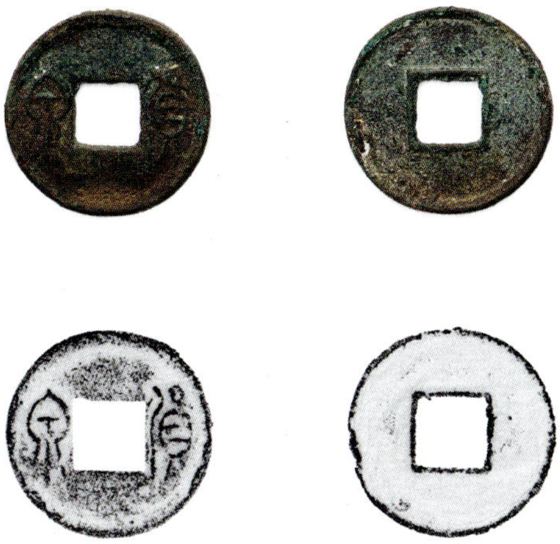

J1：177

径22.81毫米，厚1.46毫米，重2.13克。新莽货泉，面无内郭，面左上角决纹，背无文。

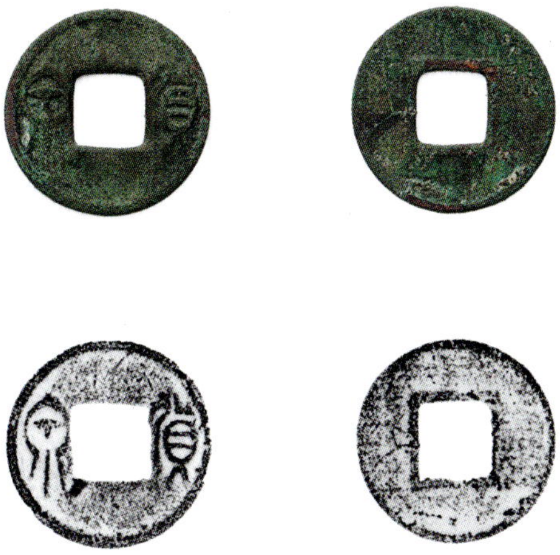

J1：178

径21.40毫米，厚0.94毫米，重1.58克。新莽货泉，面无内郭，面左下角决纹，背无文。

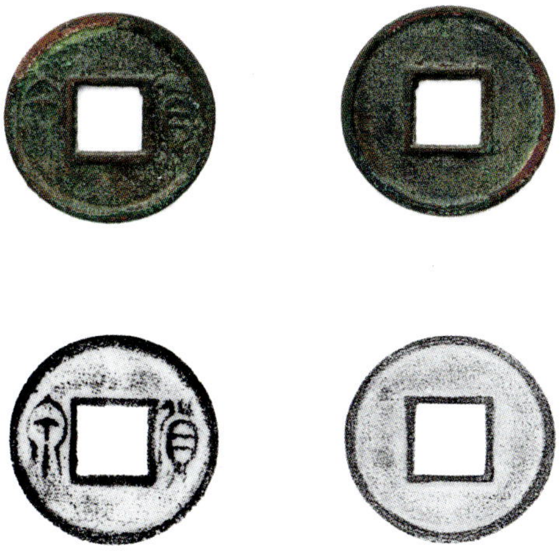

J1：179

径23.22毫米，厚1.48毫米，重3.03克。新莽货泉，面有内郭，背无文。

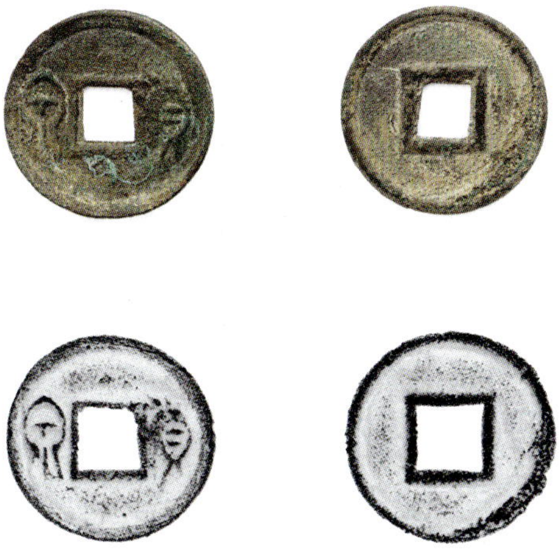

J2：137

径22.89毫米，厚1.80毫米，重3.00克。新莽货泉，面有内郭，狭穿，背无文。

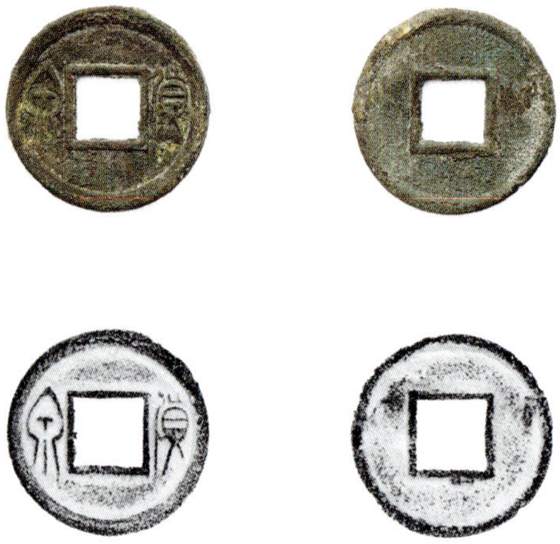

J2：138

径22.02毫米，厚1.46毫米，重1.89克。新莽货泉，面有内郭，广穿，背无文。

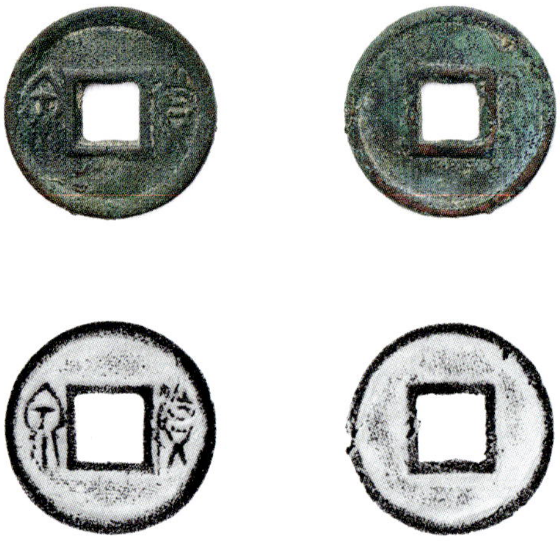

J2：136

径23.50毫米，厚1.91毫米，重3.63克。新莽货泉，面广郭，面决纹，背无文。

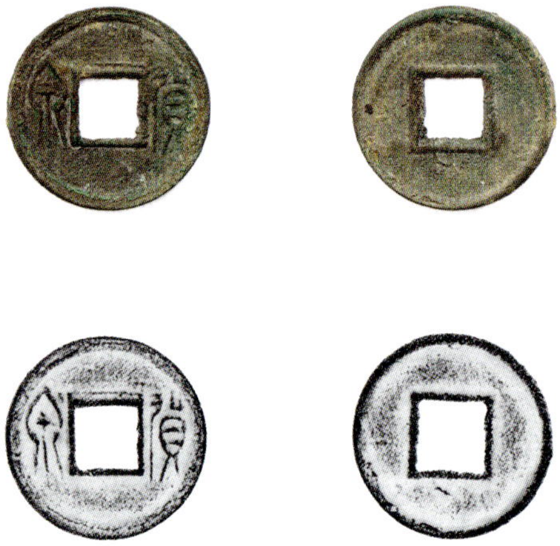

J2：143

径21.93毫米，厚1.41毫米，重1.77克。新莽货泉，面有内郭，面穿左上角决纹，背无文。

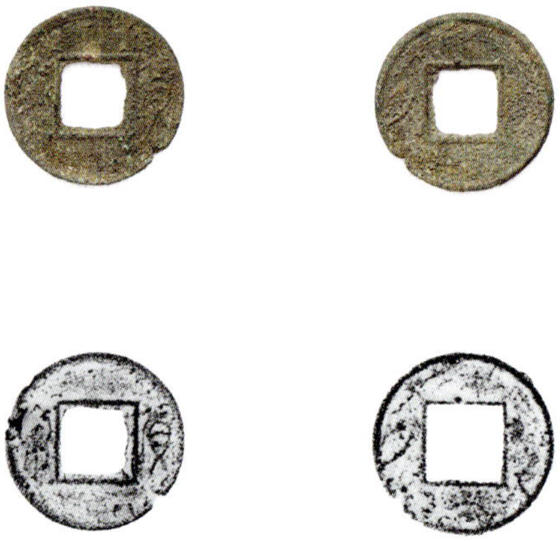

J2：144

径18.12毫米，厚1.40毫米，重1.31克。新莽货泉，面有内郭，轻薄小径，后期铸，背无文。

四、东汉铜钱（2个品种）

1. 东汉五铢

J1、J2分别有142、69枚，共211枚。

东汉光武帝建武十六年（40年）始复铸五铢，称“东汉五铢”。钱文由右至左读。篆书。钱体面文、背文有别。

J2：12

径26.18毫米，厚1.58毫米，重3.35克。东汉五铢，背无文。

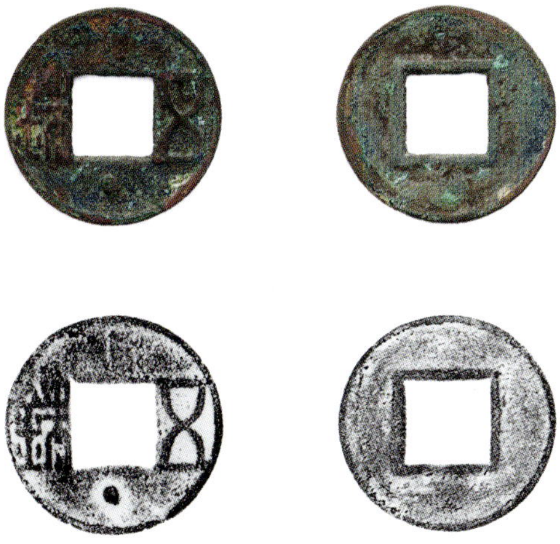

J1：132

径25.00毫米，厚1.06毫米，重2.15克。东汉五铢，面穿下星，背无文。

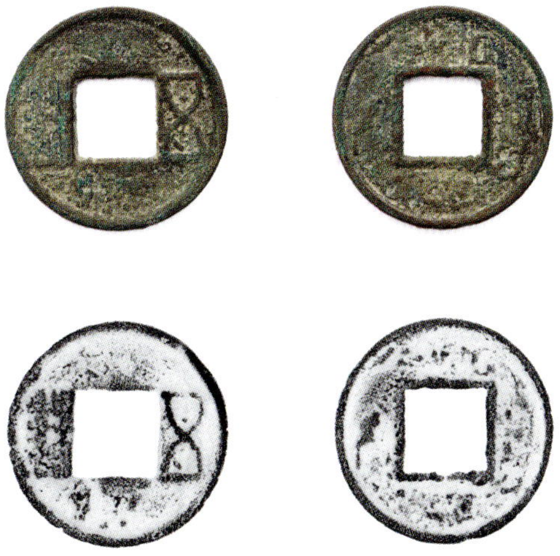

J1：320

径25.40毫米，厚1.66毫米，重3.20克。东汉五铢，“五”内上星，背无文。

J1：180

径25.51毫米，厚1.30毫米，重2.53克。东汉五铢，“五”内下星，背无文。

J1：173

径25.74毫米，厚1.36毫米，重3.14克。东汉五铢，背决纹。

2. 剪轮五铢

J1、J2 分别有 28、14 枚，共 42 枚。

由东汉五铢钱冲凿而成，钱体边缘被磨掉。

J2：173

径22.97毫米，厚1.04毫米，重2.44克。东汉无外郭五铢、剪轮五铢，背无文。

J1：176

径19.78毫米，厚1.02毫米，重1.20克。东汉剪轮五铢，背无文。

五、三国铜钱（1个品种）

魏五铢

J1、J2 分别有 8、2 枚，共 10 枚。

魏明帝曹叡于太和元年（227 年）复行五铢钱。钱体仿汉制五铢，称“魏五铢”。钱文由右至左读。篆书。

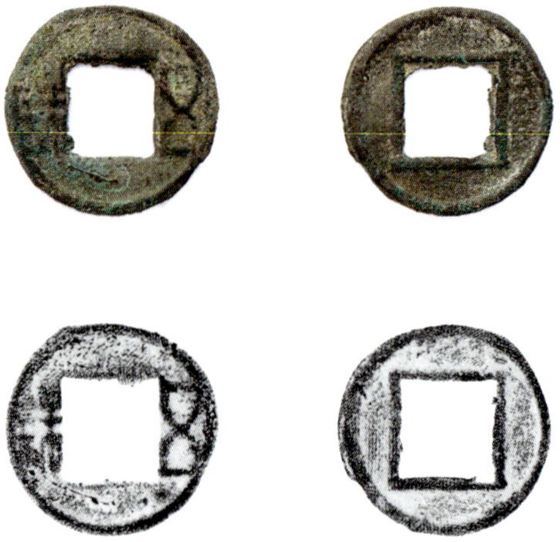

J2：175

径23.74毫米，厚1.41毫米，重2.73克。三国魏五铢，背无文。

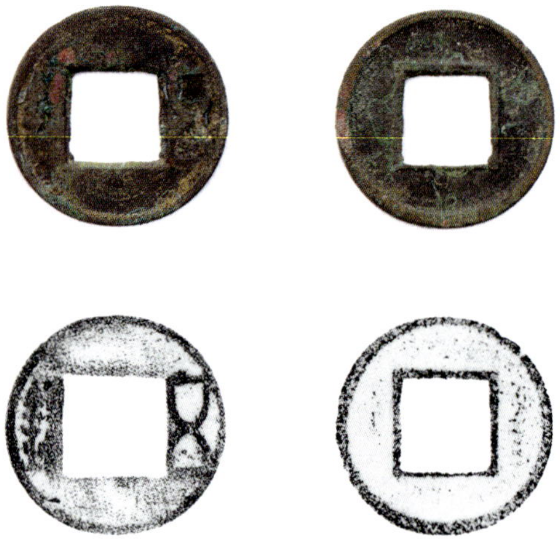

J1：212

径24.96毫米，厚1.16毫米，重2.69克。三国魏五铢，背无文。

J2：88

径24.53毫米，厚1.38毫米，重2.67克。三国魏五铢，背无文。

六、南北朝铜钱（2个品种）

1. 北齐常平五铢

J1有1枚，J2无，共1枚。

北齐文宣帝天保四年（553年）始铸。顺读。篆书。

J1：82

径24.00毫米，厚1.30毫米，重2.97克。北齐常平五铢，背无文。

2. 陈五铢

J1 有 1 枚，J2 有 1 枚，共 2 枚。

陈文帝天嘉三年（562 年）始铸。钱文由右至左读。篆书。分有内郭和无内郭两种。

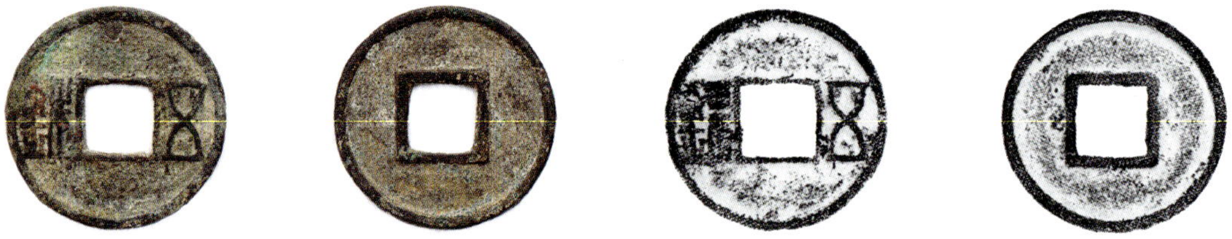

J2：170

径25.17毫米，厚1.44毫米，重2.76克。陈五铢，面有内郭，背无文。

J1：318

径24.02毫米，厚1.01毫米，重3.02克。陈五铢，面无内郭，背无文。

3. 其他五铢 [1]

J1 有 2 枚，J2 无，共 2 枚。

西晋至南朝（265 ～ 589 年）铸造。钱文由右至左读。篆书。分有内郭和无内郭两种。

J1：333

径22.68毫米，厚0.85毫米，重1.80克。似西晋五铢，有内郭，背无文。

J1：319

径23.03毫米，厚1.03毫米，重1.40克。似南朝五铢，无内郭，背无文。

[1] 其他五铢因形制难以断定具体铸造年代，故单列出来。其他五铢不计入品种总数。

隋唐铜钱

一、隋代铜钱（1个品种）

隋五铢

J1、J2分别有13、8枚，共21枚。

隋文帝开皇元年（581年）始铸。钱文由右至左读。篆书，“五”字左旁临穿有一竖直画。钱文“五”字的写法有别，可分为直笔五铢和曲笔五铢。

J1：104

径23.10毫米，厚1.40毫米，重2.93克。隋五铢，直笔五铢，背无文。

J2：117

径23.19毫米，厚1.45毫米，重2.81克。隋五铢，曲笔五铢，白铜，背无文。

二、唐代铜钱（2个品种）[1]

1. 开元通宝

J1、J2分别有7058、3091枚，共10149枚。

唐高祖武德四年（621年）始铸。钱文顺读。隶书。钱文面背标识有别。

◘ J1：56

径24.40毫米，厚1.45毫米，重3.66克。唐武德开元通宝，背无文。

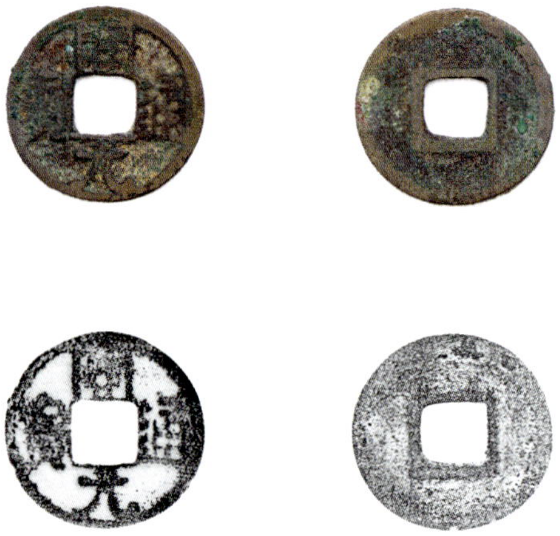

◘ J1：185

径21.40毫米，厚1.15毫米，重2.25克。唐小径开元通宝，短头“元”，背无文。

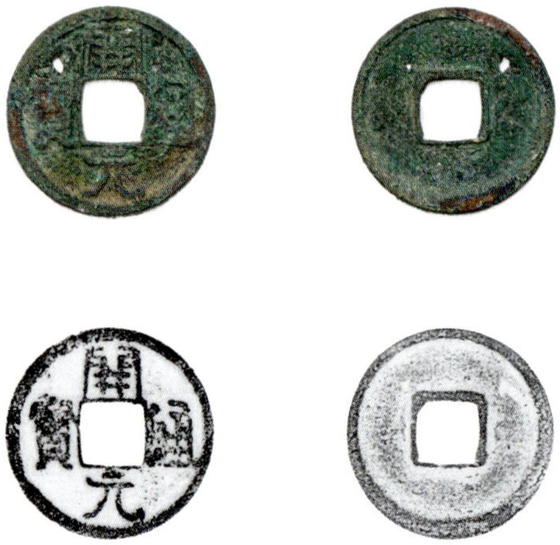

◘ J1：186

径23.01毫米，厚1.26毫米，重2.36克。唐小径开元通宝，背无文。

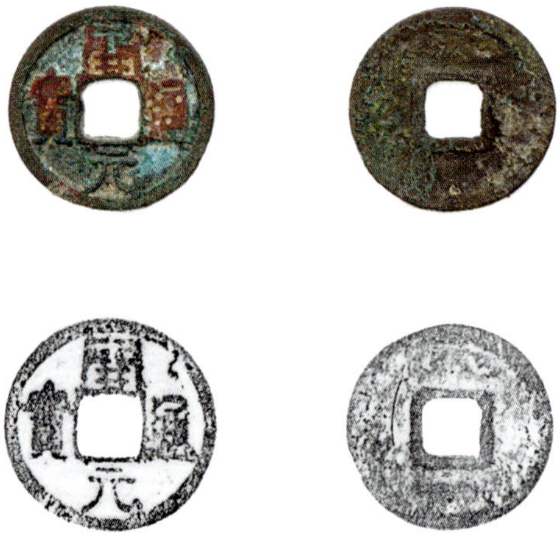

◘ J1：188

径22.73毫米，厚1.18毫米，重2.63克。唐小径开元通宝，直笔“元”，背无文。

[1] 开元通宝和会昌开元通宝按一个品种统计。

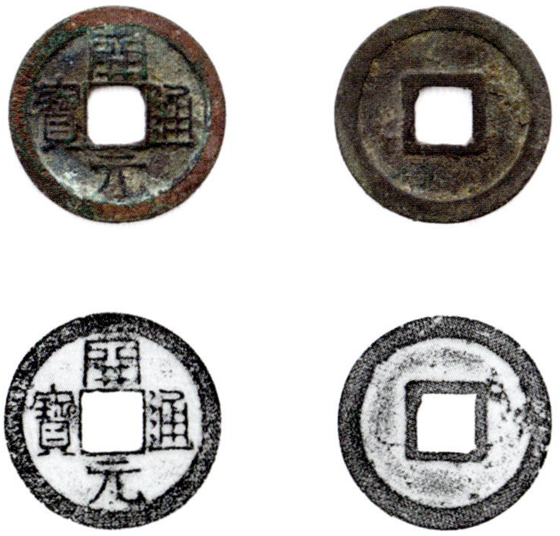

J1：18

径24.80毫米，厚1.60毫米，重4.19克。盛唐开元通宝，背无文。

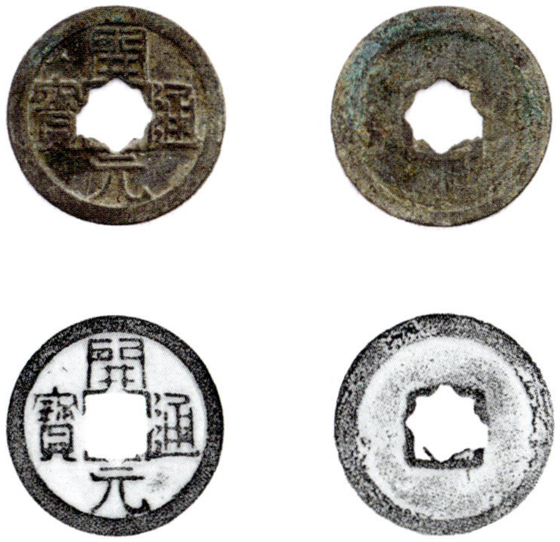

J2：81

径25.10毫米，厚1.58毫米，重3.85克。盛唐开元通宝，花穿，背无文。

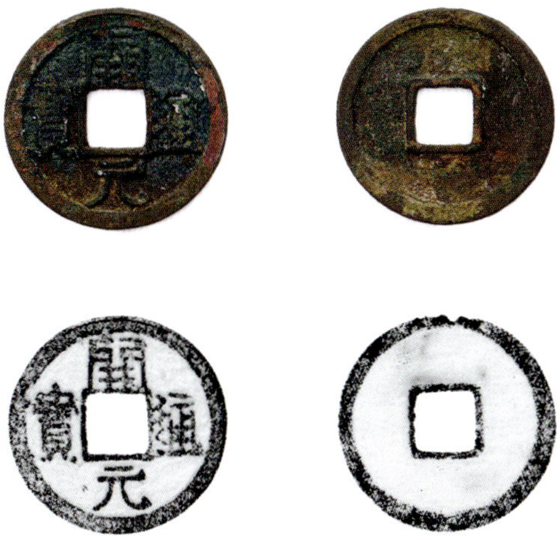

J1：192

径25.24毫米，厚1.63毫米，重4.04克。唐开元通宝，右挑“元”，背无文。

J1：184

径24.92毫米，厚1.50毫米，重3.75克。唐开元通宝，背上星。

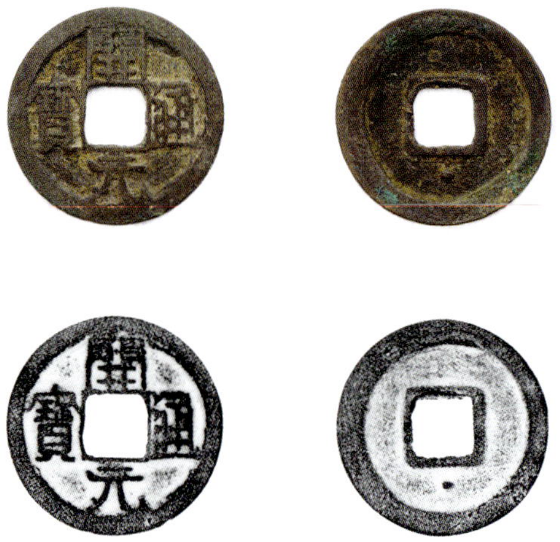

J1：122

径25.00毫米，厚1.82毫米，重3.82克。唐开元通宝，背下星。

J2：185

径23.62毫米，厚1.30毫米，重3.30克。唐开元通宝，背左星。

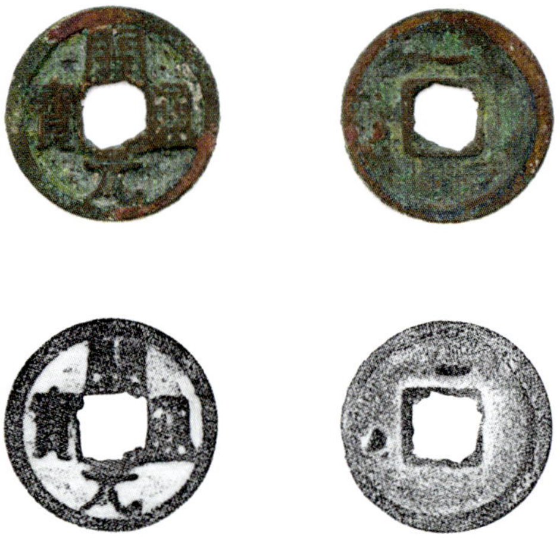

J1：124

径24.30毫米，厚1.35毫米，重3.54克。唐开元通宝，背上月左星。

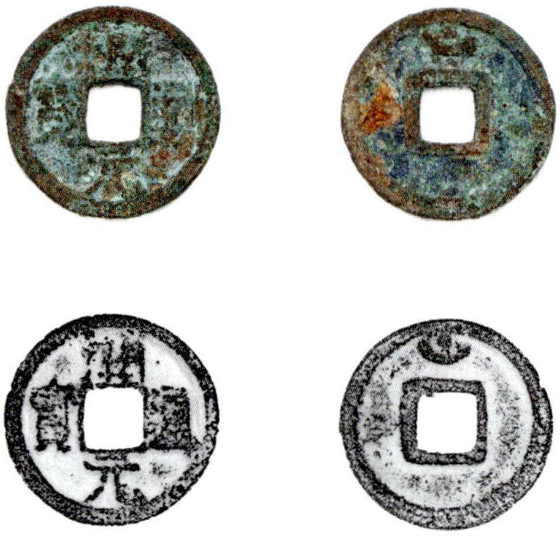

J2：121

径24.14毫米，厚1.56毫米，重3.66克。唐开元通宝，背上月孕星。

J1：58

径25.71毫米，厚1.45毫米，重3.75克。唐开元通宝，背上外弧月。

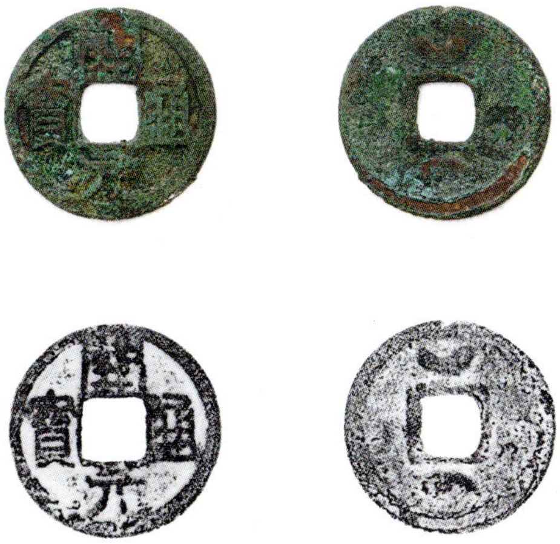

J1：121

径23.80毫米，厚1.60毫米，重3.99克。唐开元通宝，背上、下月。

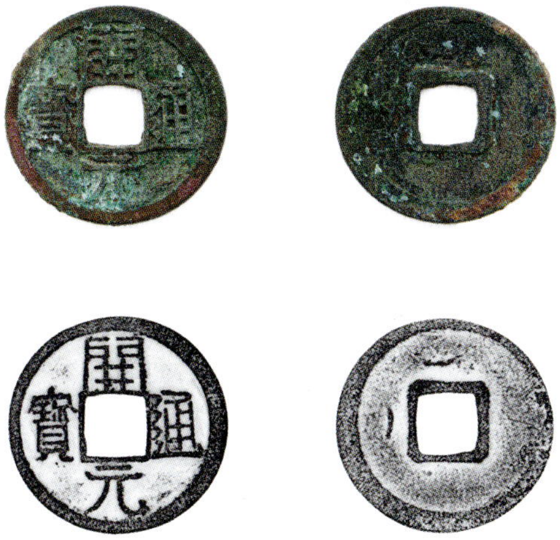

J1：118

径24.90毫米，厚1.45毫米，重3.63克。唐开元通宝，背上、左月。

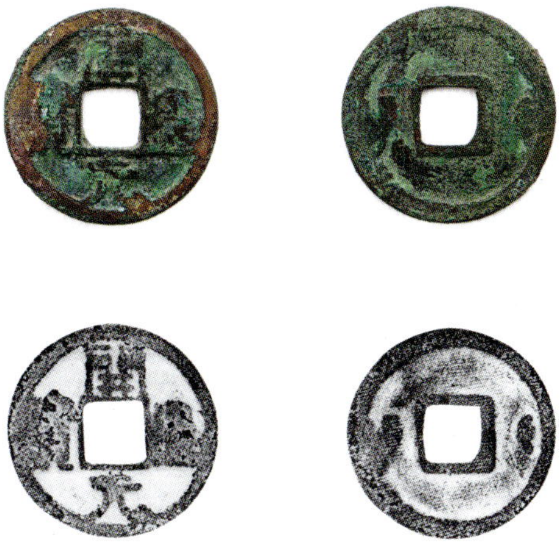

J1：285

径23.82毫米，厚1.42毫米，重2.80克。唐开元通宝，背左、右月。

J2：69

径25.72毫米，厚1.45毫米，重3.86克。唐开元通宝，背上内弧月。

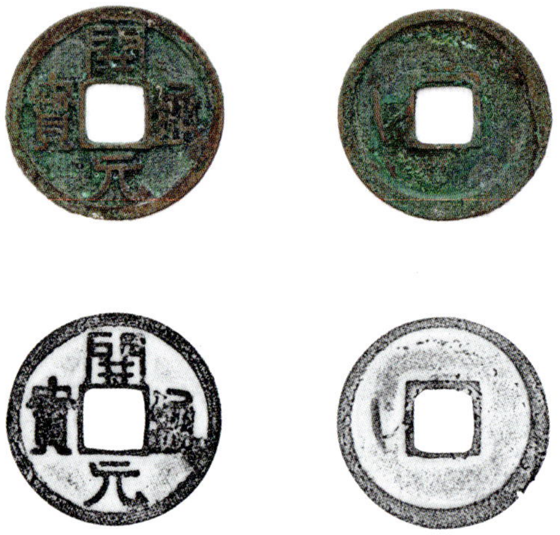

J1：50

径24.50毫米，厚1.45毫米，重3.52克。唐开元通宝，背左内弧月。

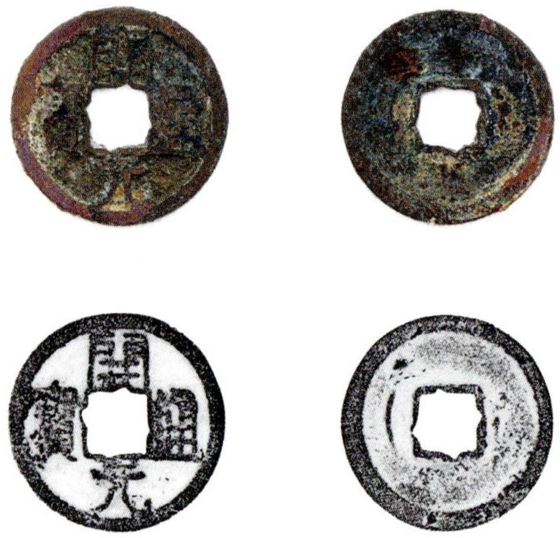

J2：42

径24.86毫米，厚1.48毫米，重3.62克。唐开元通宝，花穿，背左内弧月。

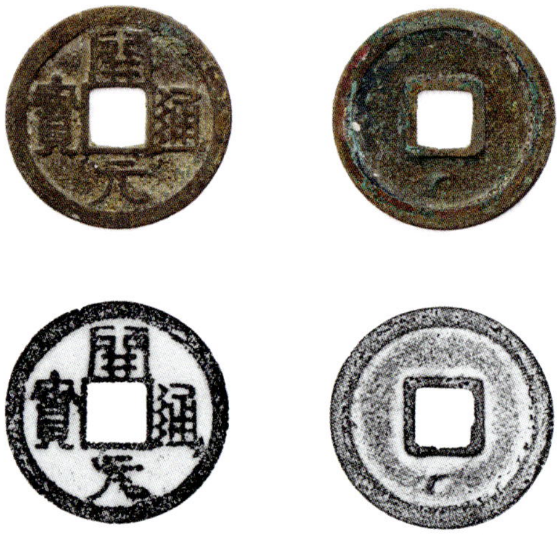

J1：59

径25.40毫米，厚1.60毫米，重4.52克。唐开元通宝，背下左斜月。

J2：50

径24.71毫米，厚1.45毫米，重3.89克。唐开元通宝，背下右斜月。

J1：189

径24.95毫米，厚1.56毫米，重4.20克。唐开元通宝，背左下角外弧月。

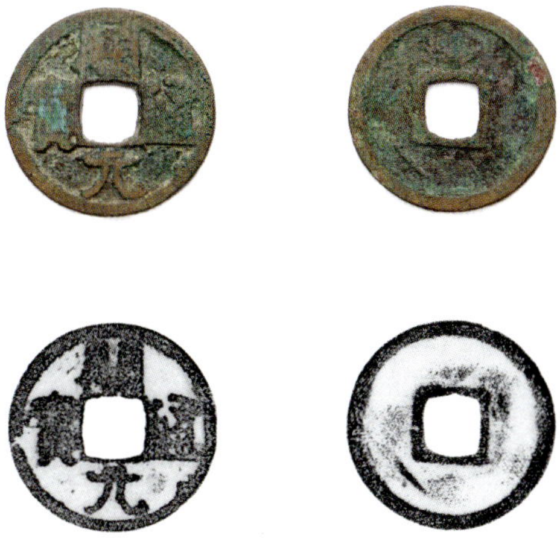

J1：372

径23.25毫米，厚1.46毫米，重3.82克。唐开元通宝，背左下角内弧月。

J1：191

径25.10毫米，厚1.65毫米，重3.75克。唐开元通宝，背右上角月。

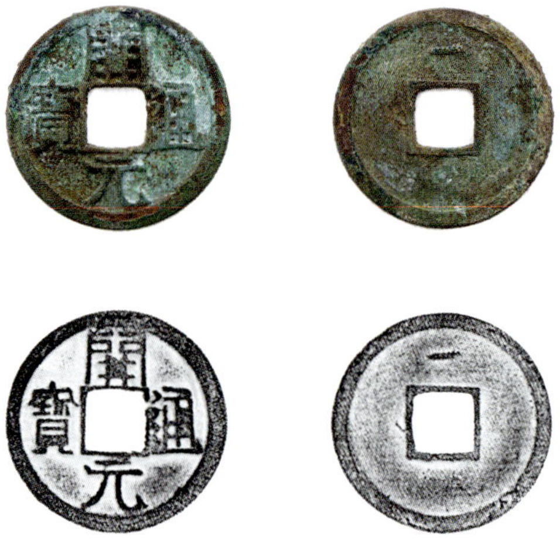

J2：17

径25.45毫米，厚1.33毫米，重3.37克。唐开元通宝，背上直纹。

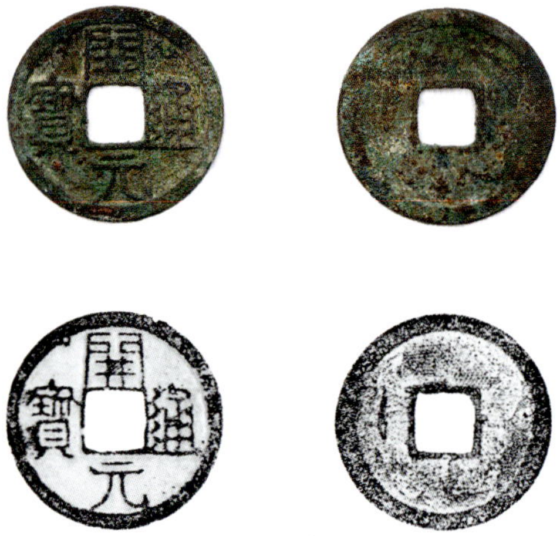

J2：30

径24.86毫米，厚1.46毫米，重3.55克。唐开元通宝，细字，背左直纹。

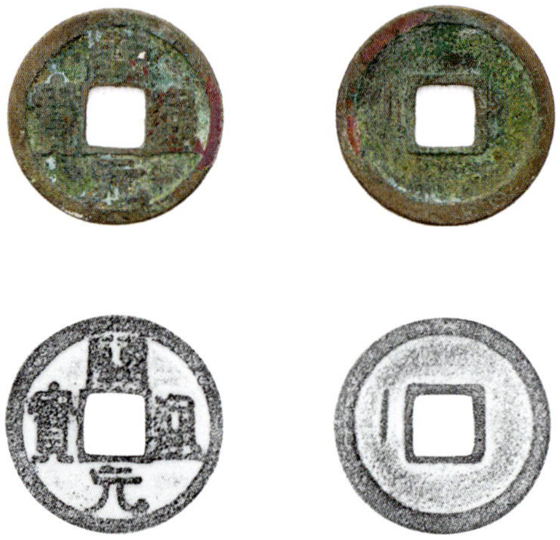

J1：183

径24.89毫米，厚1.43毫米，重3.67克。唐开元通宝，粗字，背左直纹。

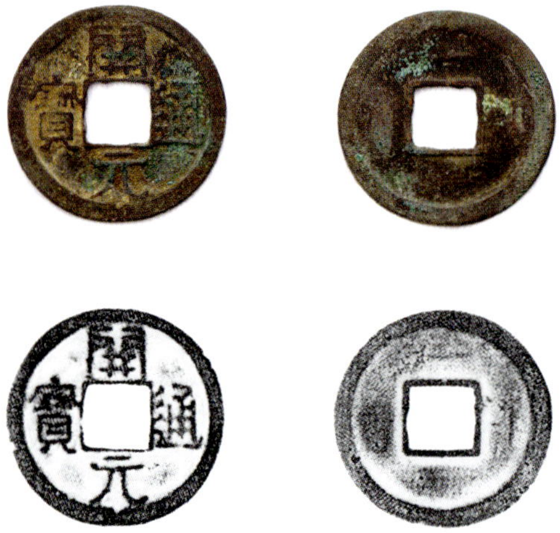

J1：115

径25.20毫米，厚1.45毫米，重3.49克。唐开元通宝，背上、右直纹。

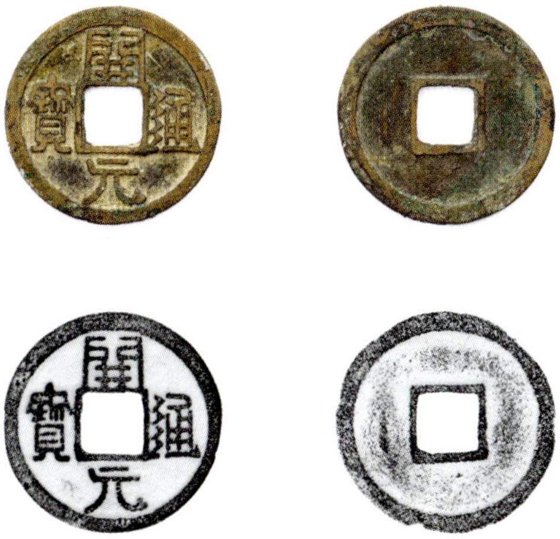

J1：57

径24.95毫米，厚1.40毫米，重3.46克。唐开元通宝，断走“通”，背左内弧月。

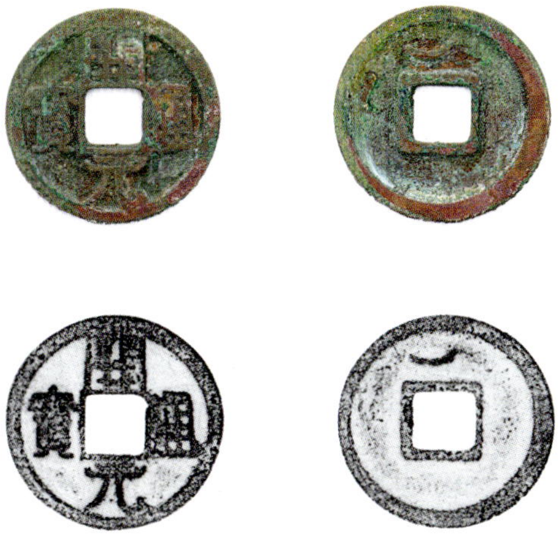

J1：16

径24.70毫米，厚1.40毫米，重3.49克。唐开元通宝，双挑“元”，背上月。

J1：15

径23.80毫米，厚1.35毫米，重3.69克。唐开元通宝，“宝”下星，背上月。

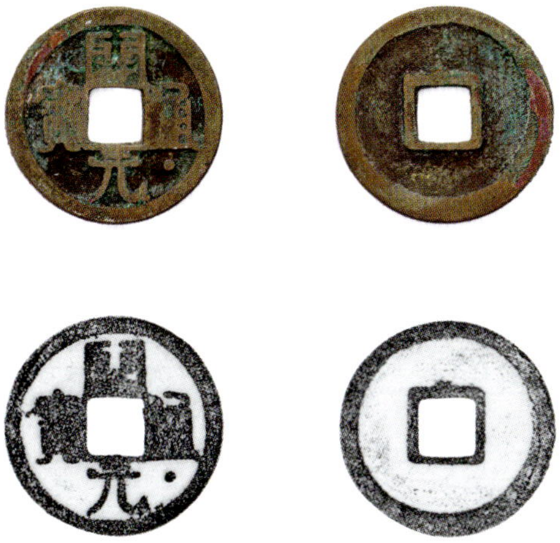

J1：1

径24.70毫米，厚1.60毫米，重4.50克。唐开元通宝，“通”下星，背无文。

J2：57

径25.63毫米，厚1.49毫米，重3.05克。唐开元通宝，背异纹。

2. 会昌开元通宝

J1、J2 分别有 53、26 枚，共 79 枚。

唐武宗会昌五年（845 年）始铸。钱文顺读。隶书。分背纪年，背文穿上“昌”字，系指会昌年号，为背文纪年号之始，由淮南铸造。背纪地，钱背铸明各铸钱之所属州州名，与背“昌”纪年号钱统称“会昌开元通宝”。

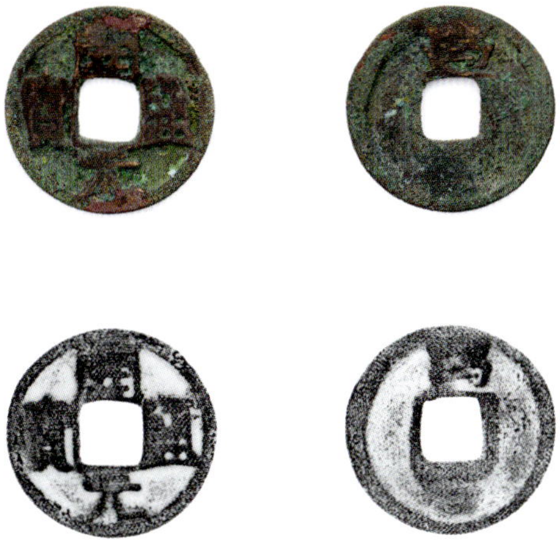

◎ J1：119

径23.10毫米，厚1.55毫米，重3.86克。唐会昌开元通宝，背上大字“昌”。

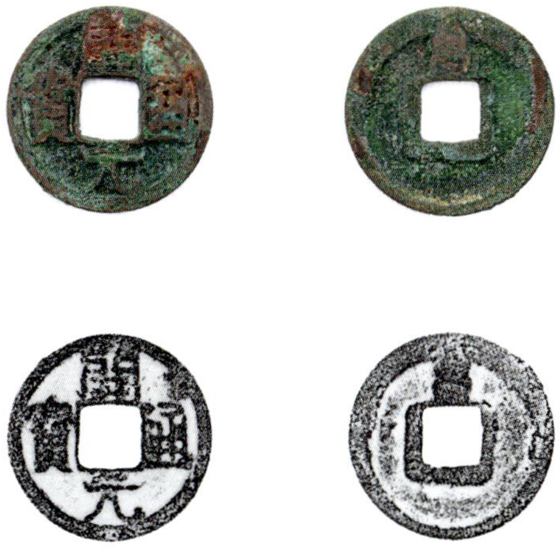

◎ J1：48

径23.00毫米，厚1.25毫米，重2.94克。唐会昌开元通宝，背上小字“昌”。

◎ J2：112

径23.81毫米，厚1.37毫米，重3.40克。唐会昌开元通宝，背上小字“昌”，下月。

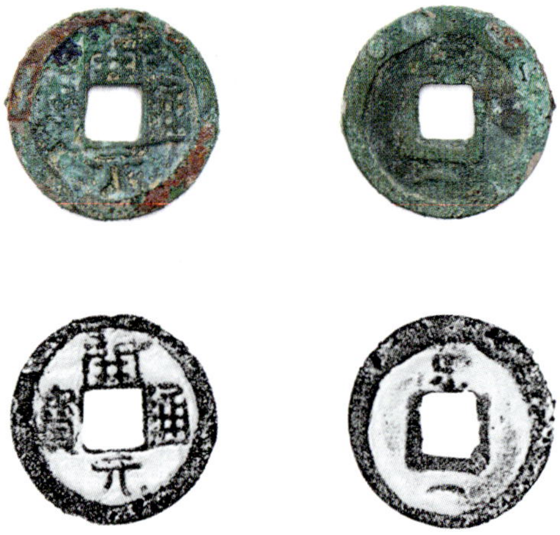

J2：151

径23.89毫米，厚1.89毫米，重3.93克。唐会昌开元通宝，背上“京”、下俯月。

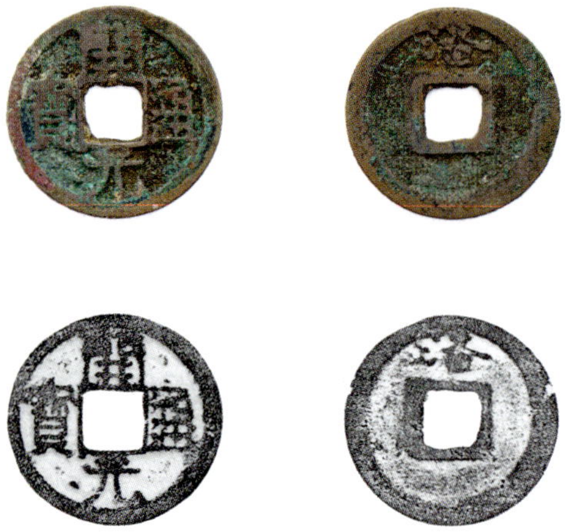

J1：21

径23.70毫米，厚1.20毫米，重3.04克。唐会昌开元通宝，背上“洛”。

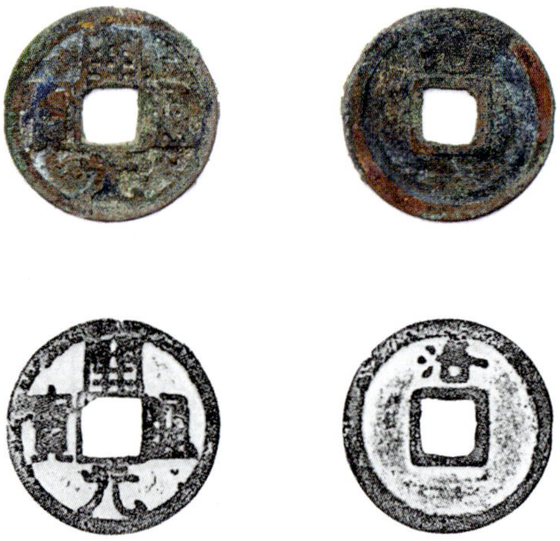

J2：155

径23.92毫米，厚1.19毫米，重2.80克。唐会昌开元通宝，“通”下星，背上“洛”。

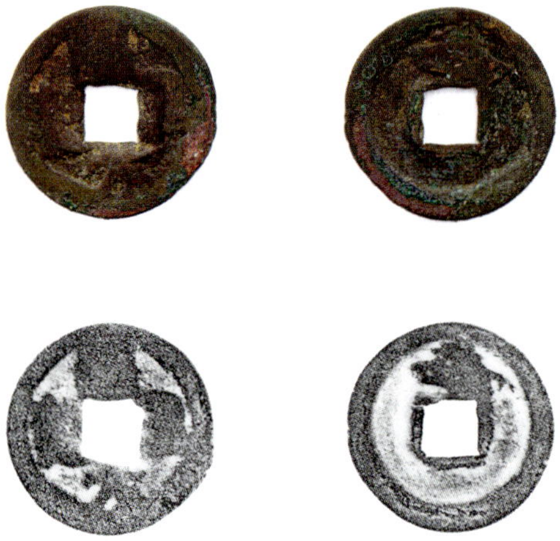

J1：69

径23.50毫米，厚1.30毫米，重3.08克。唐会昌开元通宝，背上大字“益”。

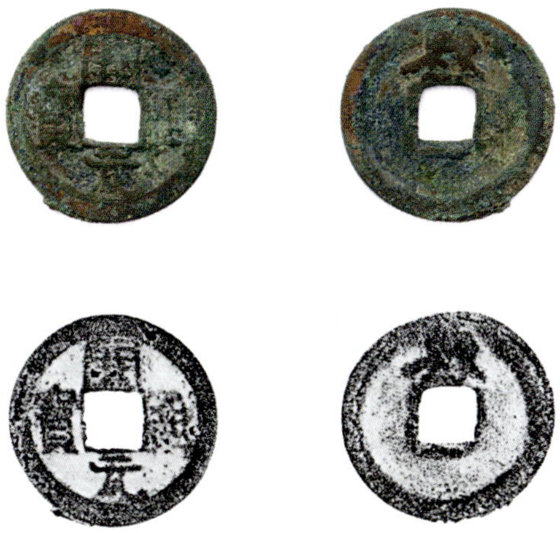

J2：162

径24.10毫米，厚1.16毫米，重2.66克。唐会昌开元通宝，背上中字“益”。

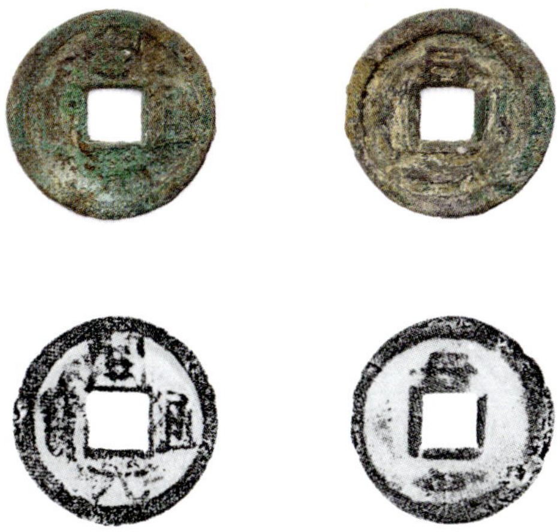

J2：131

径23.25毫米，厚1.49毫米，重3.18克。唐会昌开元通宝，背上小字“益”。

J1：313

径23.00毫米，厚1.00毫米，重3.90克。唐会昌开元通宝，背上“襄”。

J1：150

径23.60毫米，厚1.40毫米，重3.41克。唐会昌开元通宝，背上“襄”、下斜月。

J1：3

径24.10毫米，厚1.80毫米，重4.10克。唐会昌开元通宝，“通”下星，背右“蓝”。

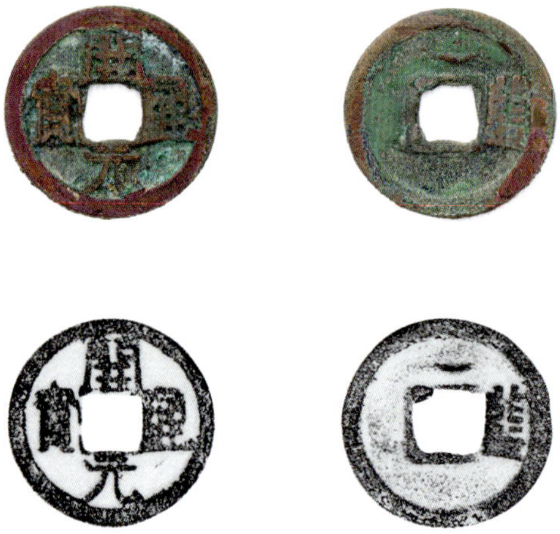

J1：97

径23.80毫米，厚1.50毫米，重3.83克。唐会昌开元通宝，背上月、右“蓝”。

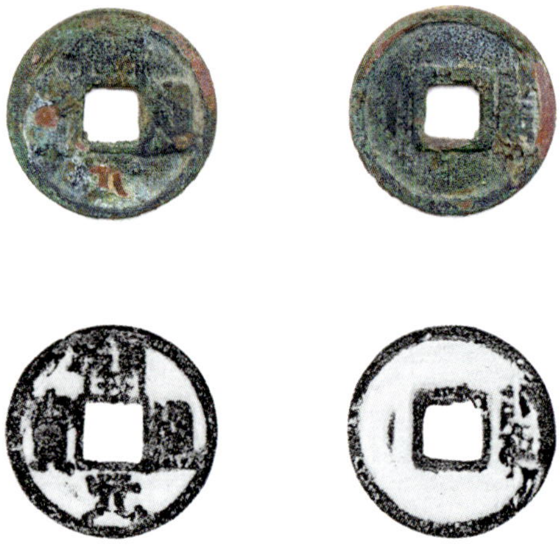

J1：374

径23.35毫米，厚1.51毫米，重3.15克。唐会昌开元通宝，背左月、右“蓝”。

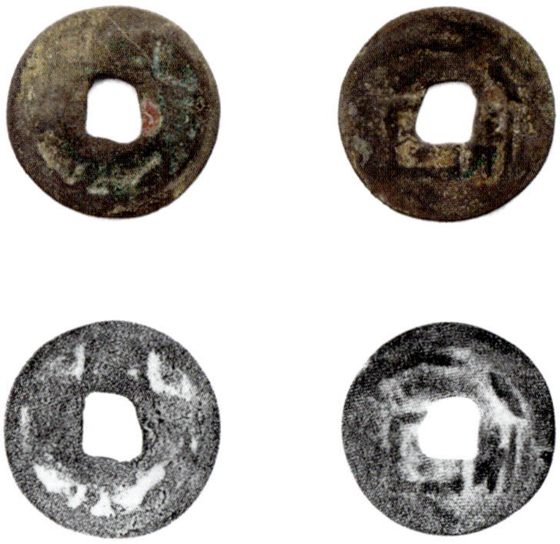

J1：284

径24.14毫米，厚1.35毫米，重3.40克。唐会昌开元通宝，背右“荆”。

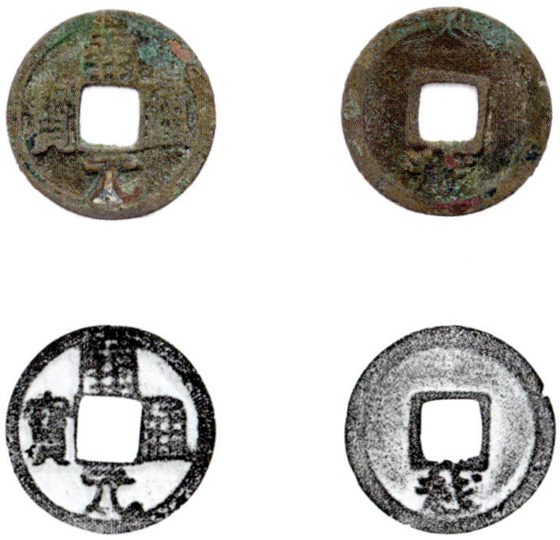

J2：169

径23.50毫米，厚1.30毫米，重3.34克。唐会昌开元通宝，背下“越”。

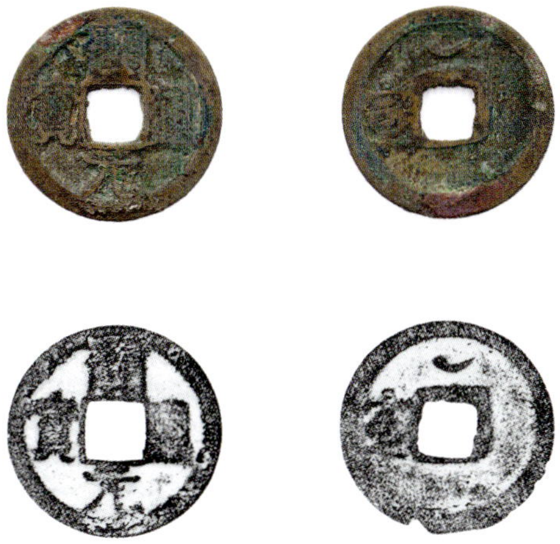

J1：117

径23.60毫米，厚1.40毫米，重3.70克。唐会昌开元通宝，背上月、右“宣”。

J1：238

径23.71毫米，厚1.35毫米，重3.65克。唐会昌开元通宝，背上“洪”。

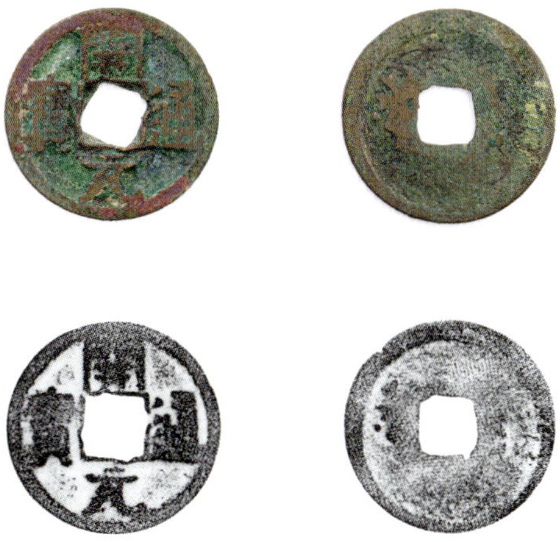

J1：105

径23.70毫米，厚1.55毫米，重4.27克。唐会昌开元通宝，背左“洪”。

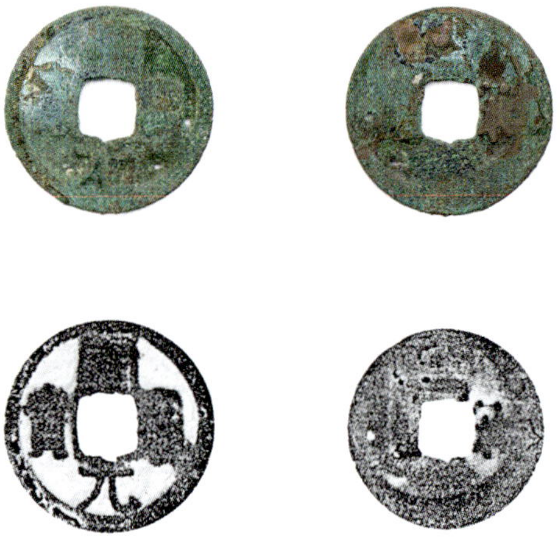

J2：152

径23.31毫米，厚1.11毫米，重2.71克。唐会昌开元通宝，背右“洪”。

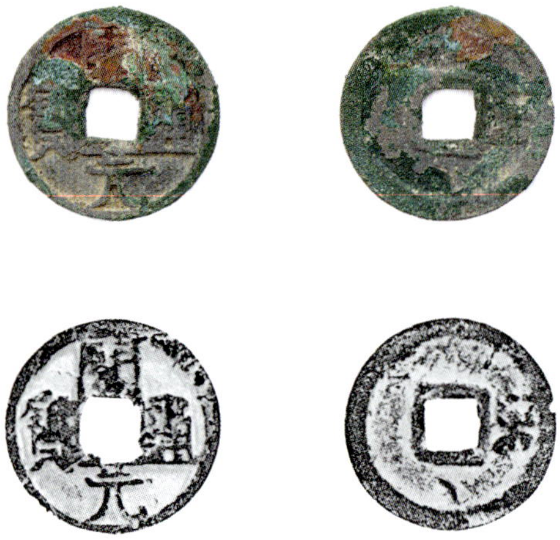

J2：153

径23.90毫米，厚1.66毫米，重3.82克。唐会昌开元通宝，背右“洪”、下斜月。

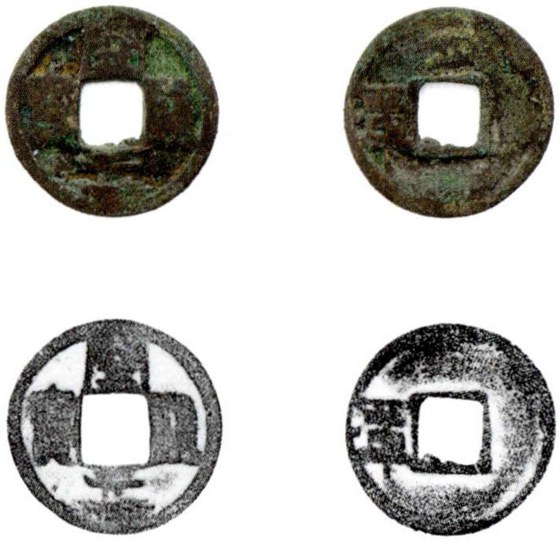

J1：131

径23.30毫米，厚1.50毫米，重3.56克。唐会昌开元通宝，背左“潭”。

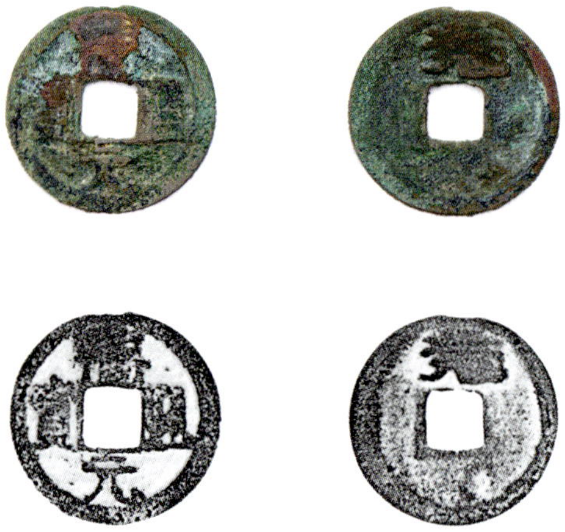

J2：159

径23.17毫米，厚1.40毫米，重3.31克。唐会昌开元通宝，背上大字“兖”。

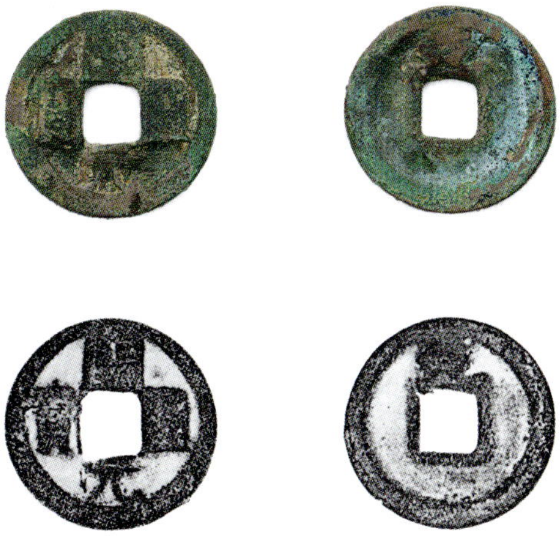

J2：160

径23.65毫米，厚1.55毫米，重4.00克。唐会昌开元通宝，背上小字“兖”。

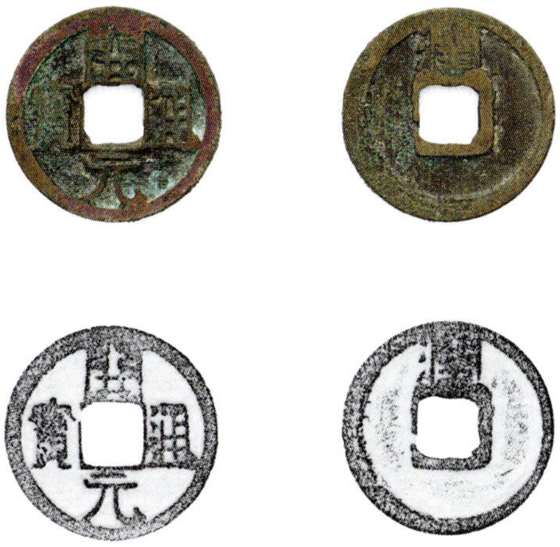

J1：172

径23.75毫米，厚1.43毫米，重3.49克。唐会昌开元通宝，背上“润”。

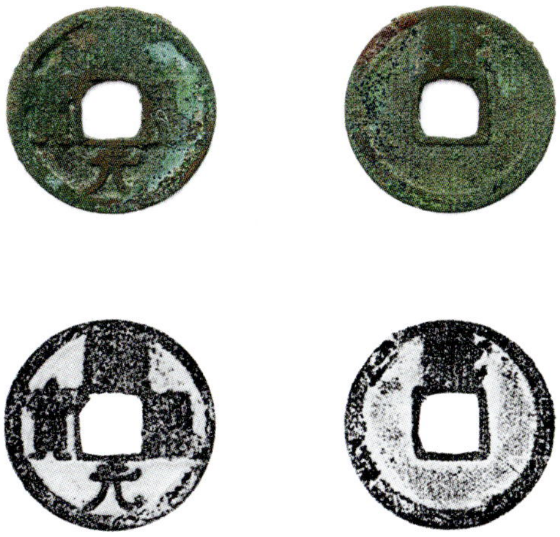

J2：168

径23.58毫米，厚1.41毫米，重3.16克。唐会昌开元通宝，背上“鄂”。

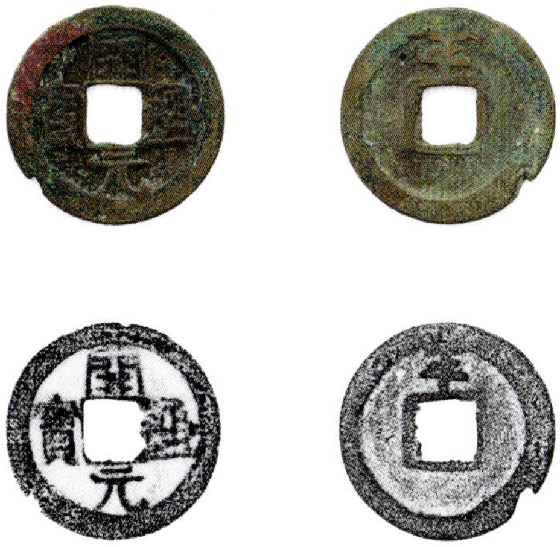

J1：123

径24.30毫米，厚1.60毫米，重4.39克。唐会昌开元通宝，背上“平”。

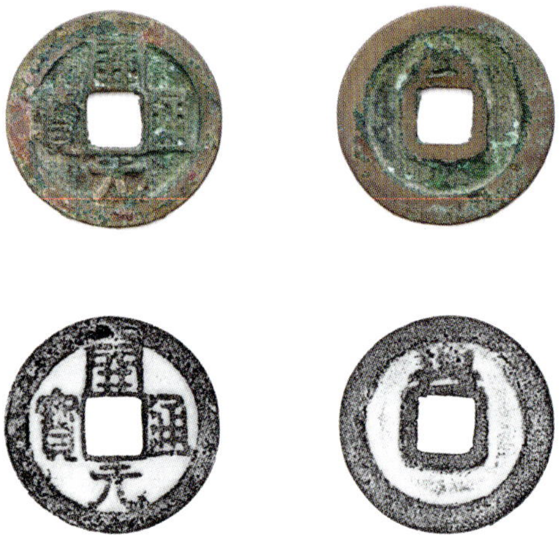

J1：321

径24.53毫米，厚1.27毫米，重3.60克。唐会昌开元通宝，背上“兴”。

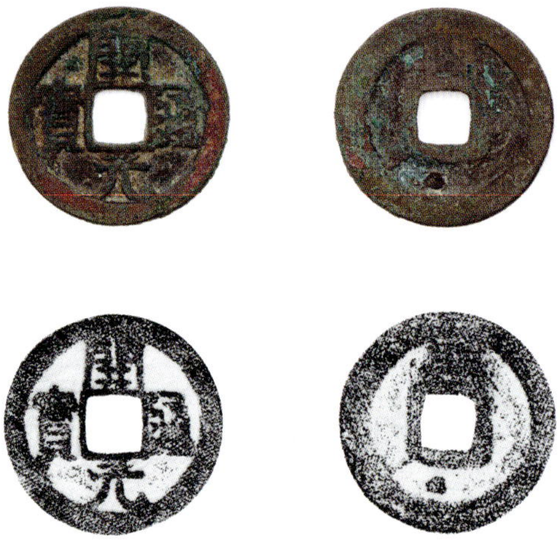

J1：158

径24.80毫米，厚1.35毫米，重3.89克。唐会昌开元通宝，背上“兴”、下星。

J2：154

径24.31毫米，厚1.21毫米，重3.50克。唐会昌开元通宝，背上“梁”。

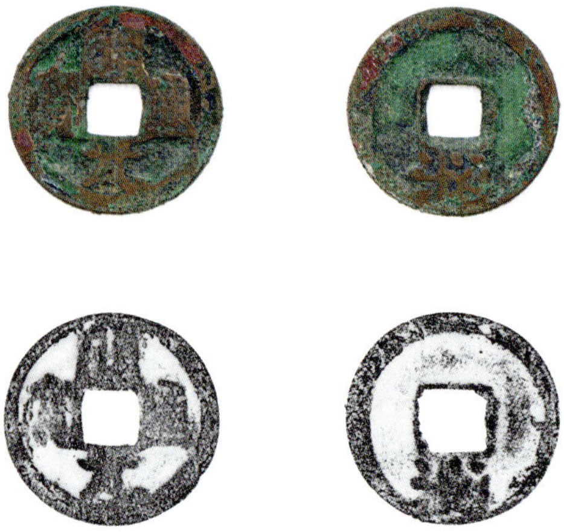

J1：137

径23.70毫米，厚1.35毫米，重3.50克。唐会昌开元通宝，背下“梁”。

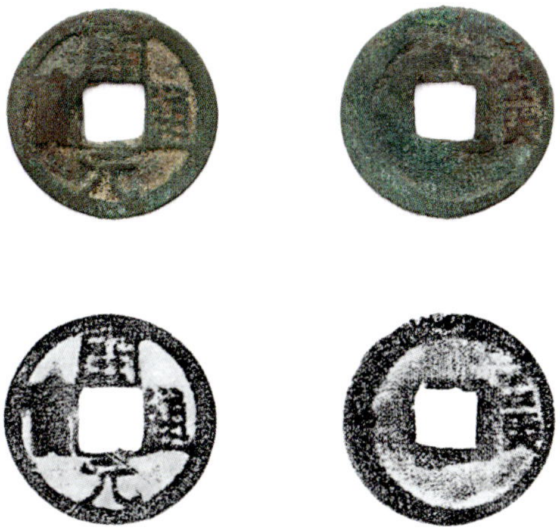

◘ J2：165

径23.75毫米，厚1.68毫米，重4.29克。唐会昌开元通宝，背右“广”。

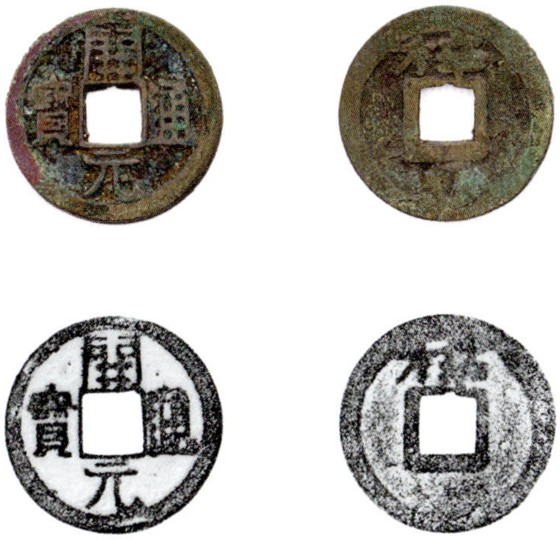

◘ J1：102

径24.30毫米，厚1.30毫米，重3.45克。唐会昌开元通宝，背上“梓”。

◘ J1：130

径23.40毫米，厚1.25毫米，重3.09克。唐会昌开元通宝，背上“福”。

3. 乾元重宝

唐肃宗乾元元年（758 年）始铸。乾元重宝[1]，钱文顺读。隶书。钱径分大、中、小。

小径钱。J1、J2 分别有 299、120 枚，共 419 枚。

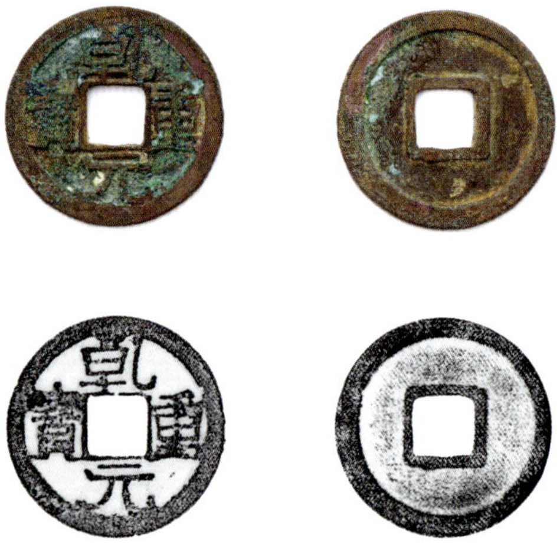

J1：111

径25.10毫米，厚1.50毫米，重4.06克。唐乾元重宝，小径，宽缘大字，背无文。

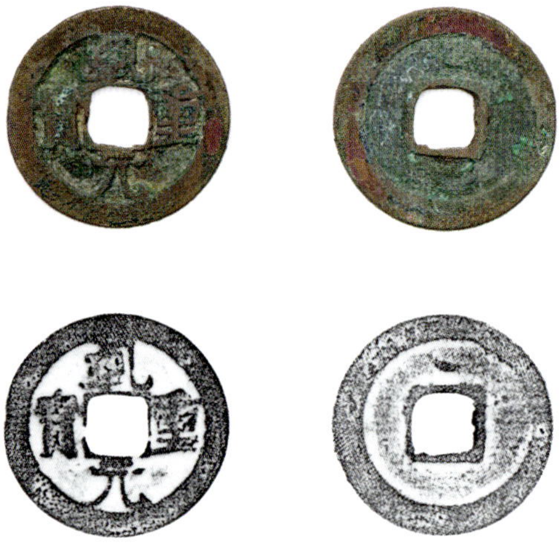

J1：199

径25.72毫米，厚1.25毫米，重3.58克。唐乾元重宝，小径，宽缘小字，背上月。

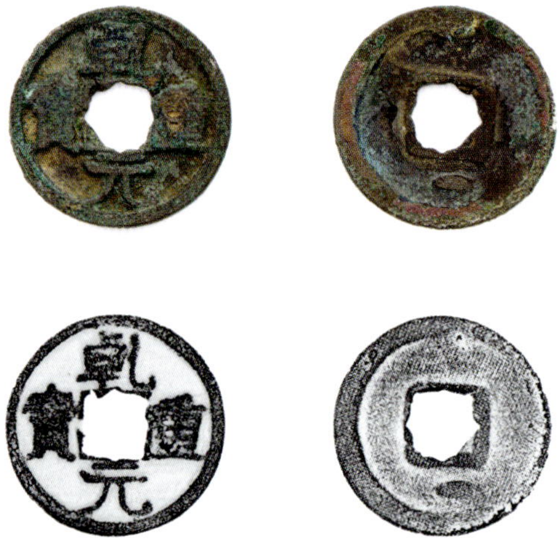

J1：92

径25.60毫米，厚1.60毫米，重4.15克。唐乾元重宝，小径，花穿大字，背下月。

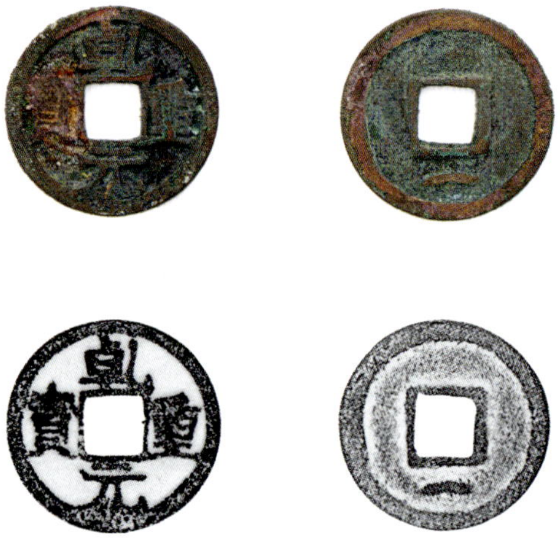

J1：93

径24.30毫米，厚1.55毫米，重3.63克。唐乾元重宝，小径，中字，背下月。

[1] 重宝类，除崇宁重宝外，不分折值。

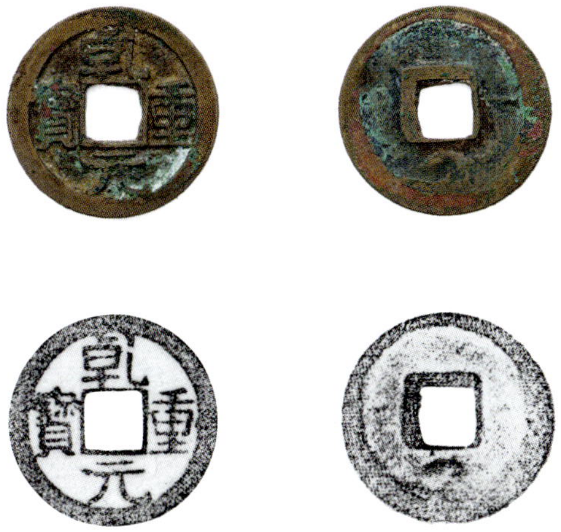

J1：201

径23.91毫米，厚1.23毫米，重3.42克。唐乾元重宝，小径，宽缘中字，背下月。

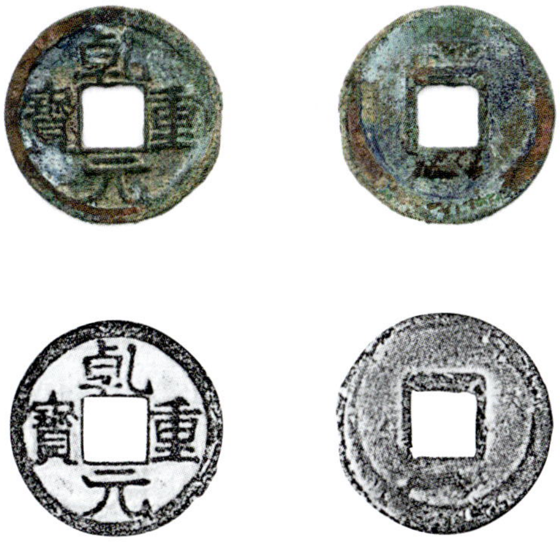

J2：109

径24.80毫米，厚1.56毫米，重3.96克。唐乾元重宝，小径，中字，背下直纹。

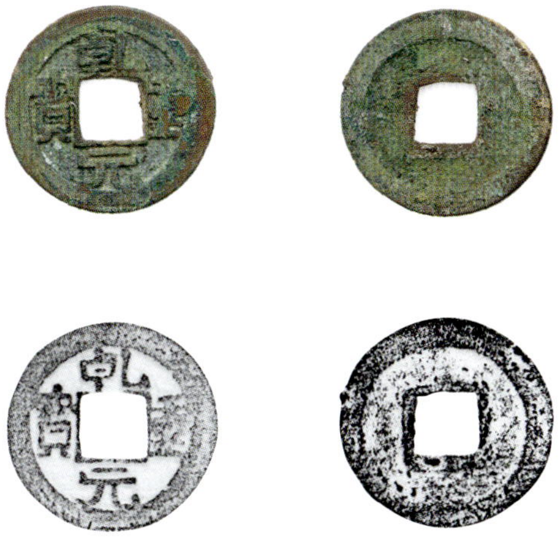

J1：197

径23.60毫米，厚1.60毫米，重3.62克。唐乾元重宝，小径，阔缘小字，背无文。

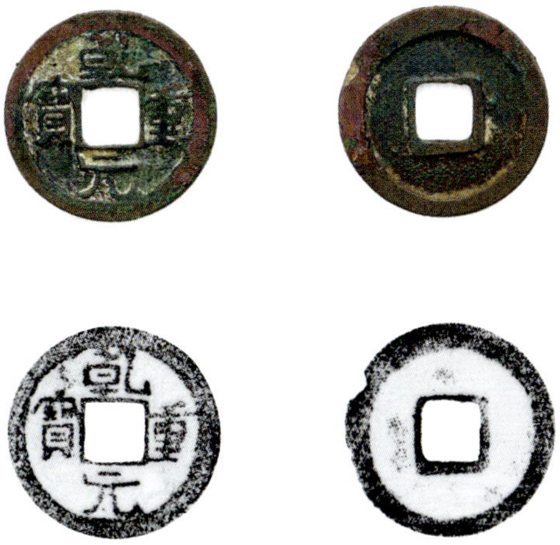

J1：200

径23.46毫米，厚1.35毫米，重3.29克。唐乾元重宝，小径，宽缘小字，短头“元”，背无文。

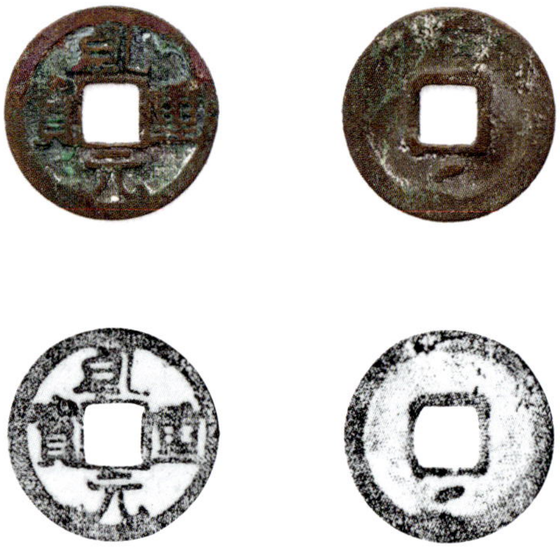

J1：164

径23.60毫米，厚1.35毫米，重3.06克。唐乾元重宝，小径，背下斜月。

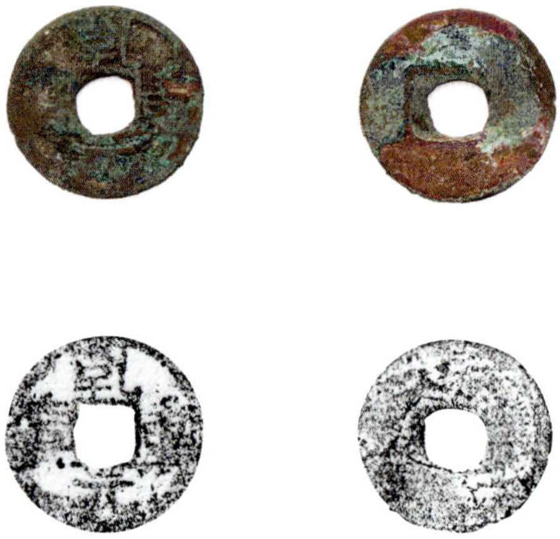

J1：198

径20.98毫米，厚1.16毫米，重2.09克。唐乾元重宝，小径，狭缘，背无文。

中径钱。J1、J2分别有2、1枚，共3枚。

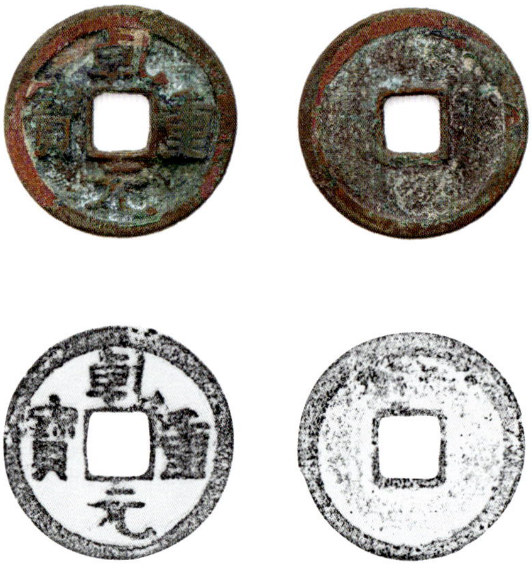

J1：194

径29.16毫米，厚2.08毫米，重7.50克。唐乾元重宝，中径，背无文。

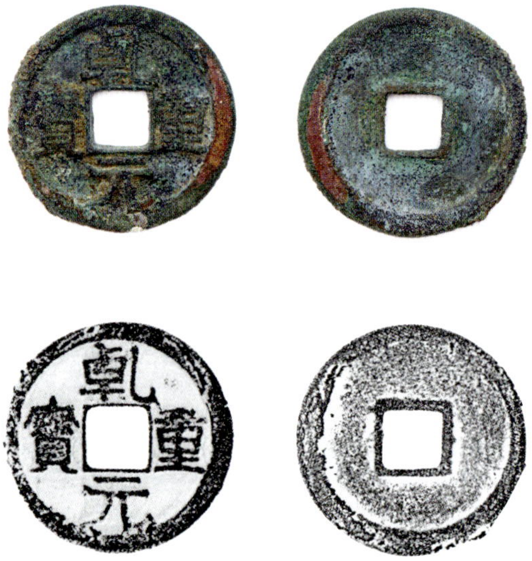

J2：78

径29.20毫米，厚1.85毫米，重6.51克。唐乾元重宝，中径，背无文。

大径钱。J1 有 2 枚，J2 无，共 2 枚。

J1：322

径33.23毫米，厚1.96毫米，重9.70克。唐乾元重宝，大径，背无文。

五代十国铜钱

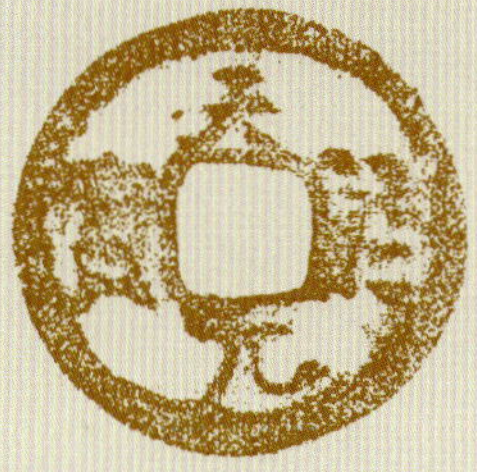

一、后晋铜钱（1个品种）

天福元宝

J1 有 1 枚，J2 无，共 1 枚。

后晋高祖天福三年（938 年）始铸。钱文旋读。隶书。钱文夷漫不清。

J1：300

径22.85毫米，厚0.98毫米，重2.10克。五代后晋天福元宝，隶书，背无文。

二、后汉铜钱（1个品种）

汉元通宝

J1有1枚，J2有2枚，共3枚。

后汉隐帝乾祐元年（948年）始铸。钱文顺读。隶书。背多月纹。

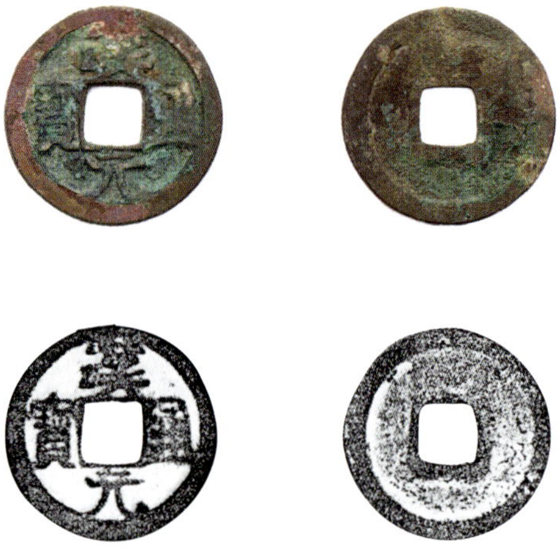

J1：373

径24.20毫米，厚1.32毫米，重3.69克。五代后汉汉元通宝，隶书，背无文。

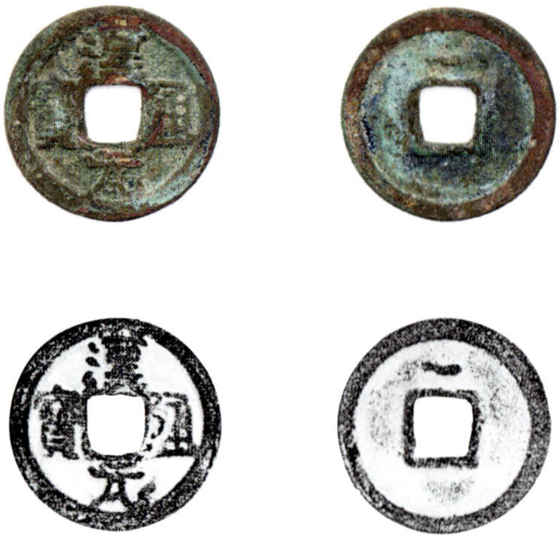

J2：132

径24.40毫米，厚1.31毫米，重3.25克。五代后汉汉元通宝，隶书，背上月。

J2：133

径24.48毫米，厚1.35毫米，重3.36克。五代后汉汉元通宝，隶书，背下月。

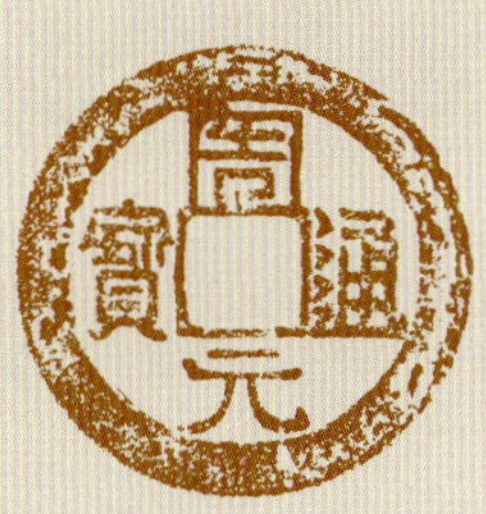

三、后周铜钱（1个品种）

周元通宝

J1、J2分别有22、11枚，共33枚。

后周世宗显德二年（955年）始铸。钱文顺读。隶书。背文标识有别，多月纹。

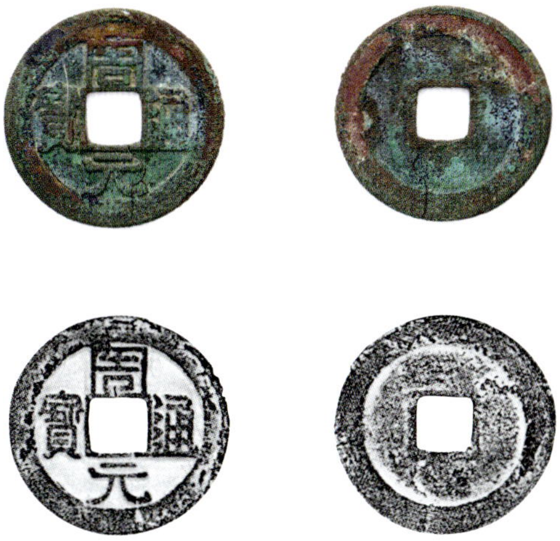

J2：97

径25.36毫米，厚1.15毫米，重3.08克。五代后周周元通宝，隶书，背无文。

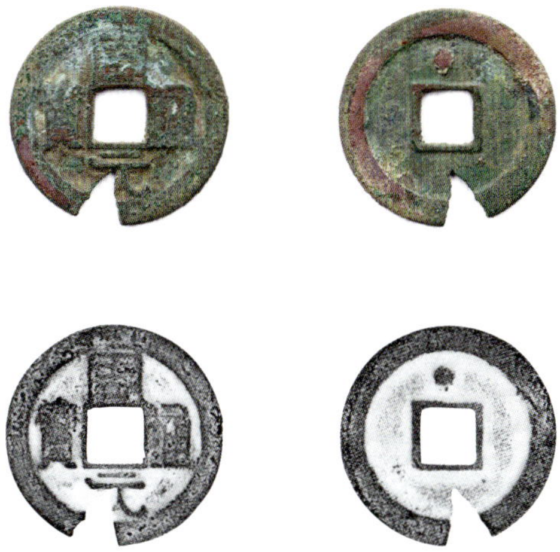

J1：290

径24.55毫米，厚1.21毫米，重3.10克。五代后周周元通宝，隶书，背上星。

J2：95

径25.45毫米，厚1.17毫米，重3.38克。五代后周周元通宝，隶书，背左星。

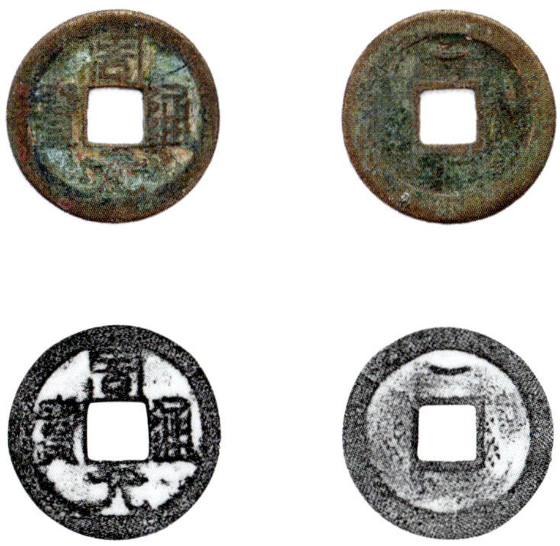

J1：116

径24.20毫米，厚1.20毫米，重2.92克。五代后周周元通宝，隶书，背上月。

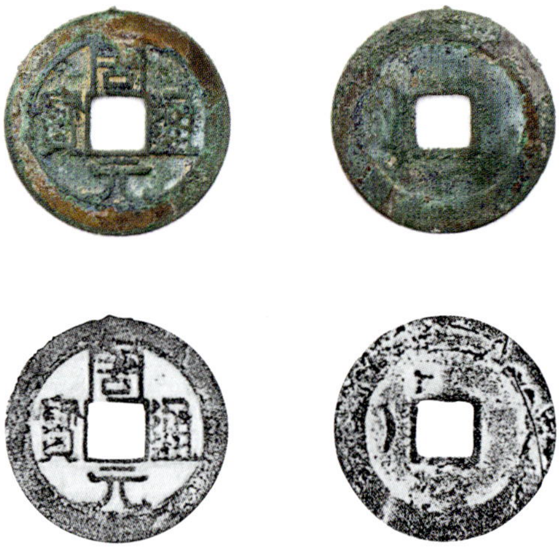

J2：51

径25.76毫米，厚1.40毫米，重3.80克。五代后周周元通宝，隶书，背左月。

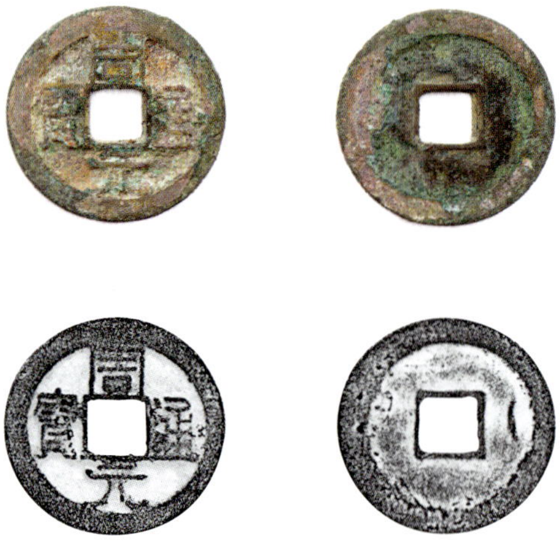

J1：308

径24.62毫米，厚1.42毫米，重3.60克。五代后周周元通宝，隶书，背右月。

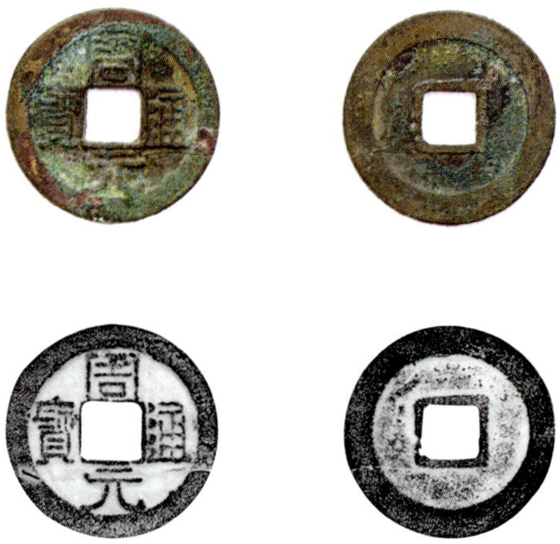

J1：230

径23.84毫米，厚1.04毫米，重2.52克。五代后周周元通宝，隶书，背左上角月。

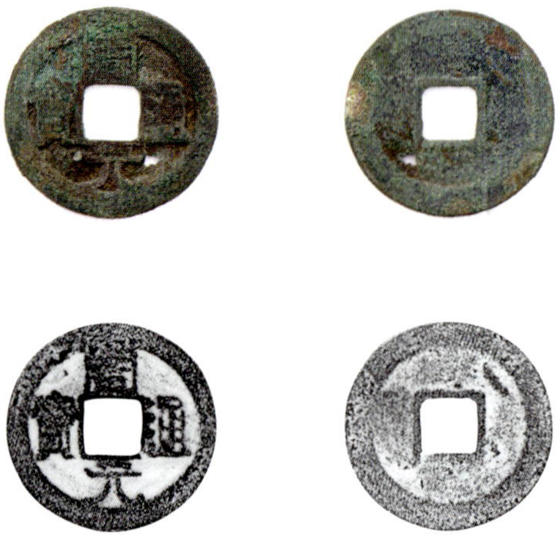

J1：84

径23.60毫米，厚1.20毫米，重2.41克。五代后周周元通宝，隶书，背右上角月。

J1：289

径24.14毫米，厚1.80毫米，重4.30克。五代后周周元通宝，隶书，背右下角月。

J2：36

径25.56毫米，厚1.33毫米，重4.84克。五代后周周元通宝，隶书，背左下角月。

四、前蜀铜钱（4 个品种）

1. 天汉元宝

J1、J2 分别有 4、2 枚，共 6 枚。

前蜀高祖天汉元年（917 年）铸造。钱文旋读。真书。

J1：107

径23.10毫米，厚1.20毫米，重2.83克。五代前蜀天汉元宝，背无文。

2. 光天元宝

J1、J2 分别有 2、1 枚，共 3 枚。

前蜀高祖光天元年（918 年）铸造。钱文旋读。行兼隶书。背文不同，或有月纹。

J1：229

径23.50毫米，厚1.30毫米，重3.28克。五代前蜀光天元宝，行兼隶书，背无文。

J1：228

径23.43毫米，厚1.14毫米，重2.44克。五代前蜀光天元宝，行兼隶书，背上月。

3. 乾德元宝

J1、J2 分别有 13、7 枚，共 20 枚。
前蜀后主乾德年间（919 ～ 924 年）铸造。钱文旋读。真书含隶意。钱文字体大小有别。

J1：98
径23.10毫米，厚1.18毫米，重4.26克。五代前蜀乾德元宝，真书含隶意，大字，背无文。

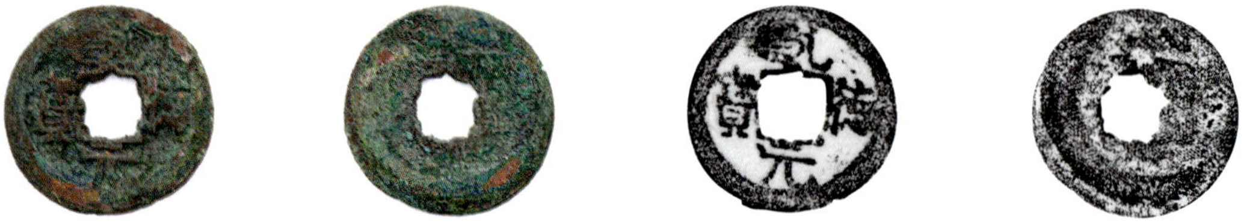

J1：78
径23.50毫米，厚1.40毫米，重3.31克。五代前蜀乾德元宝，真书含隶意，小字，背无文。

4. 咸康元宝

J1、J2 分别有 3、3 枚，共 6 枚。

前蜀后主咸康元年（925 年）铸造。钱文旋读。真书含隶意。背无文。

J2：130

径23.03毫米，厚1.46毫米，重3.45克。五代前蜀咸康元宝，真书含隶意，背无文。

五、南唐铜钱（3个品种）

1. 开元通宝

J1、J2分别有170、45枚，共215枚。

南唐元宗保大年间（943～957年）铸造。钱文顺读。分篆书和隶书。

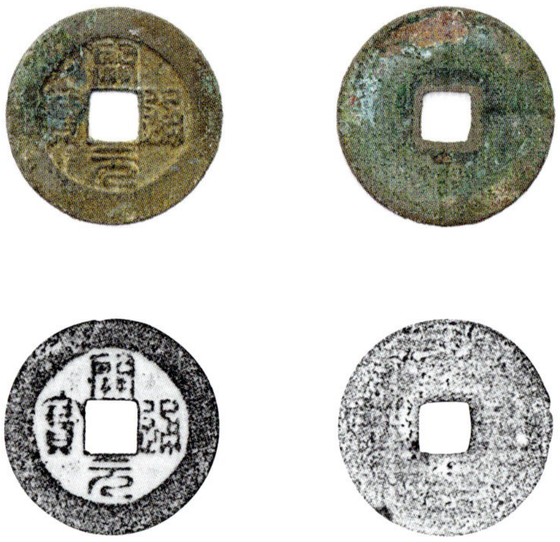

J1：216

径24.88毫米，厚1.18毫米，重3.28克。五代南唐开元通宝，篆书，宽缘，背无文。

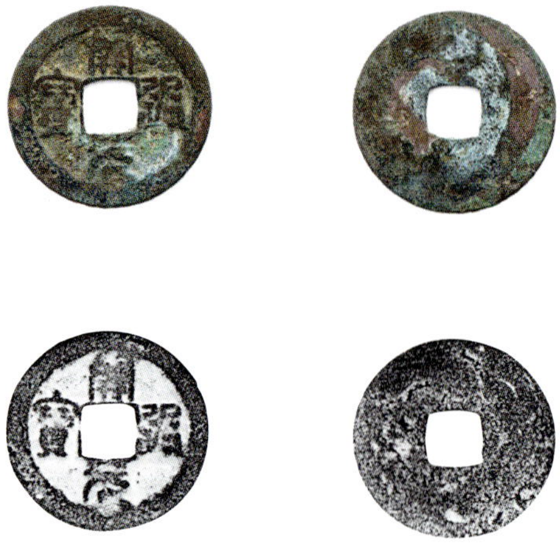

J2：179

径22.07毫米，厚0.90毫米，重1.80克。五代南唐开元通宝，篆书，小径，背无文。

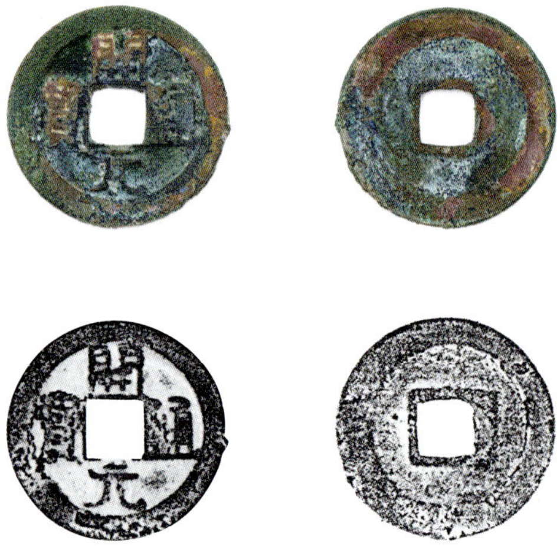

J2：123

径25.35毫米，厚1.29毫米，重3.75克。五代南唐开元通宝，隶书，背无文。

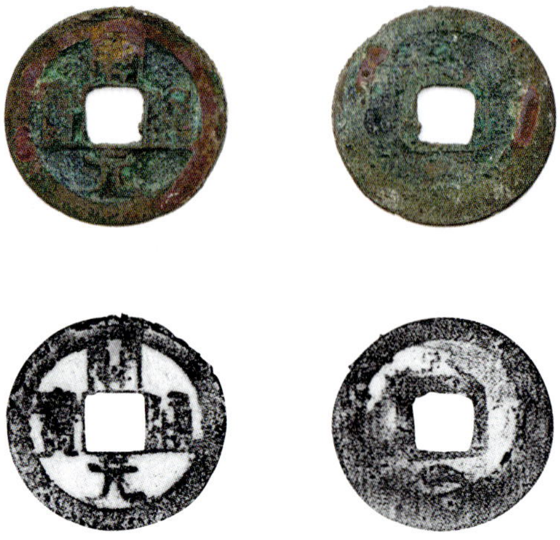

J1：217

径25.26毫米，厚1.33毫米，重3.68克。五代南唐开元通宝，隶书，背下月。

J1：187

径22.64毫米，厚0.96毫米，重2.10克。五代南唐开元通宝，隶书，小径宽缘，背无文。

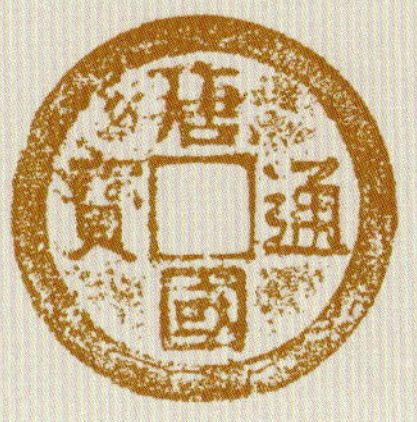

2. 唐国通宝

J1、J2 分别有 75、51 枚，共 126 枚。

南唐元宗时铸。钱文顺读。分篆书、真书和隶书。

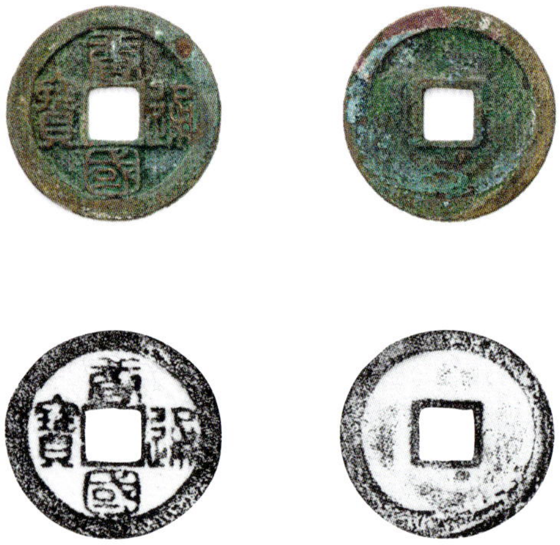

J1：126

径24.30毫米，厚1.60毫米，重4.27克。五代南唐唐国通宝，篆书，背无文。

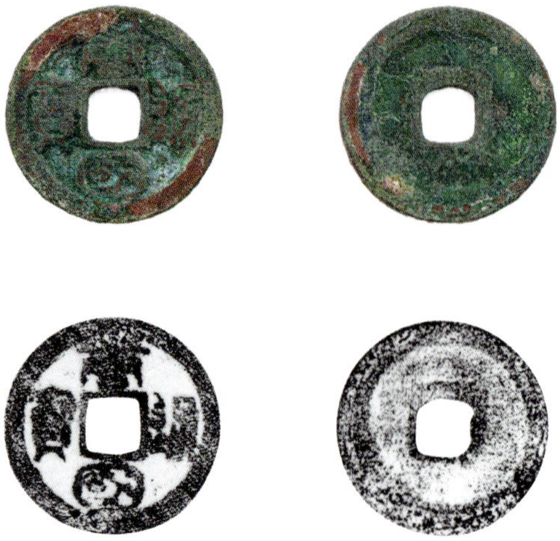

J1：215

径24.82毫米，厚1.26毫米，重3.50克。五代南唐唐国通宝，篆书，大字，背无文。

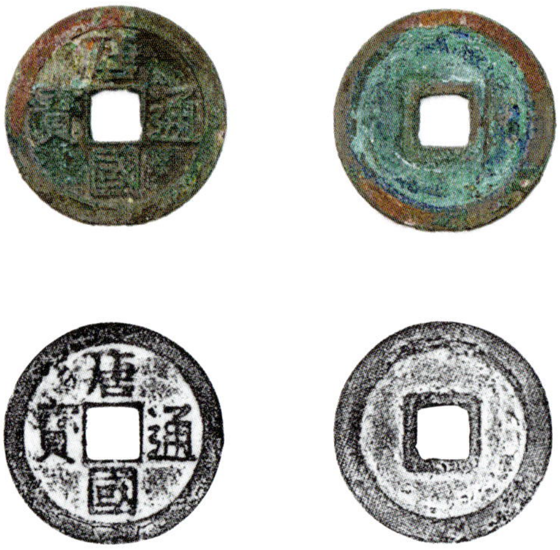

J1：53

径25.20毫米，厚1.55毫米，重4.18克。五代南唐唐国通宝，真书，背无文。

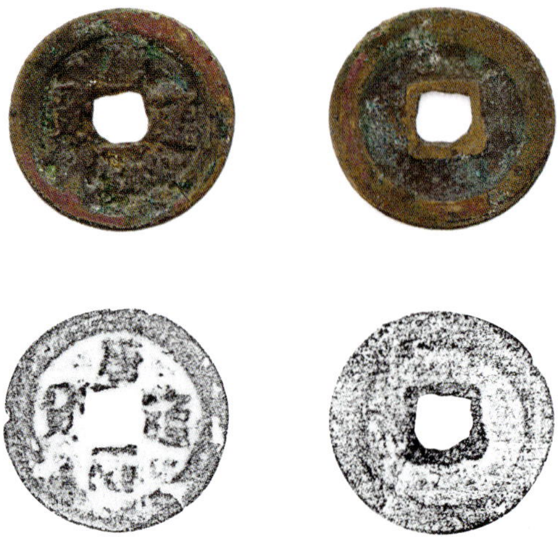

J1：218

径26.11毫米，厚1.20毫米，重3.81克。五代南唐唐国通宝，真书，宽缘小字，背无文。

J1：213

径19.84毫米，厚1.24毫米，重2.22克。五代南唐唐国通宝，隶书，小径，背无文。

3. 大唐通宝

J1 有 1 枚，J2 无，共 1 枚。

南唐元宗时铸。钱文顺读。隶书。背无文。

J1：128

径24.00毫米，厚1.30毫米，重3.11克。五代南唐大唐通宝，隶书，背无文。

两宋铜钱

一、北宋铜钱（35个品种）

1. 宋元通宝

J1、J2分别有241、149枚，共390枚。

北宋太祖建隆元年（960年）始铸。小平钱。钱文顺读。“宋”字楷书，余为隶书。钱文字体大小和背文有别。

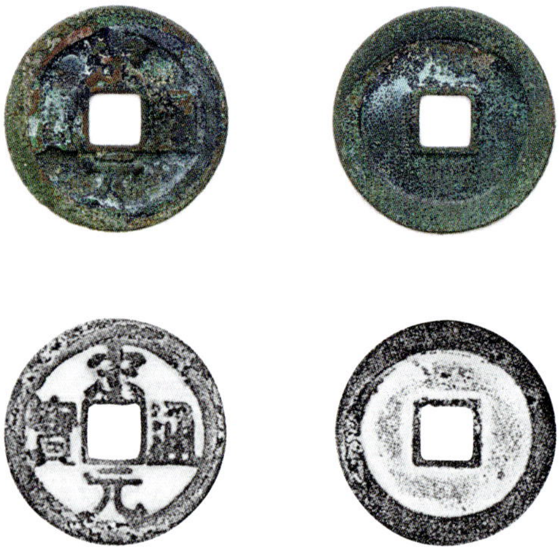

J2：74

径25.44毫米，厚1.43毫米，重4.06克。北宋宋元通宝，隶书小平，大字，背无文。

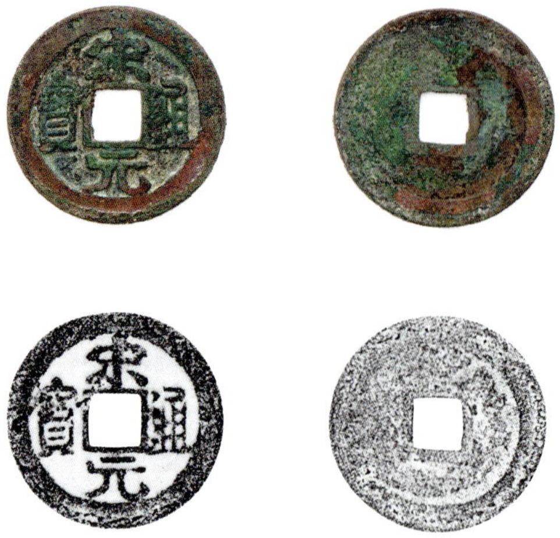

J1：34

径25.10毫米，厚1.30毫米，重3.73克。北宋宋元通宝，隶书小平，大字，长“通”“宝”，背无文。

J1：30

径26.00毫米，厚1.50毫米，重4.08克。北宋宋元通宝，隶书小平，大字，背上星。

J1：67

径25.70毫米，厚1.25毫米，重3.62克。北宋宋元通宝，隶书小平，大字，背下星。

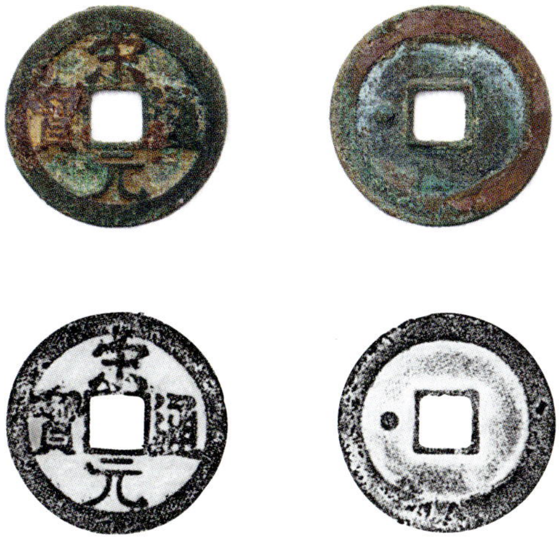

◘ J2：40

径25.62毫米，厚1.62毫米，重4.04克。北宋宋元通宝，隶书小平，大字，背左星。

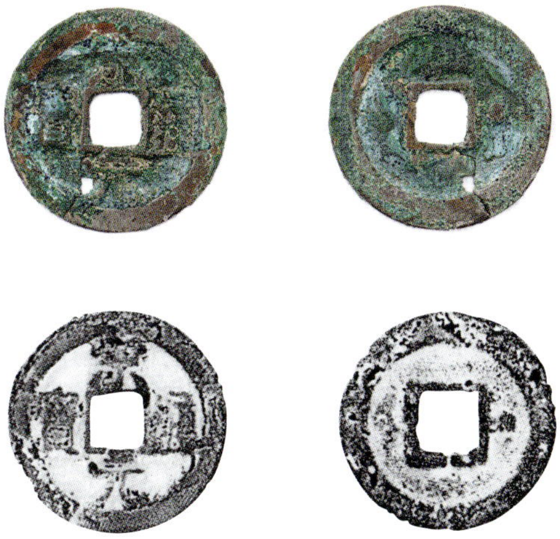

◘ J2：73

径25.80毫米，厚1.46毫米，重3.94克。北宋宋元通宝，隶书小平，大字，背右星。

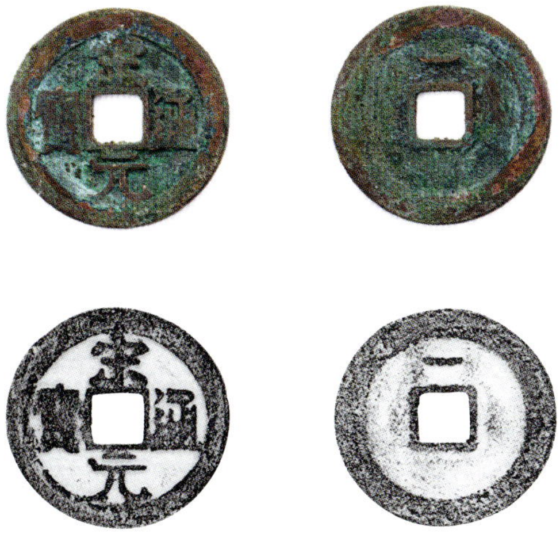

◘ J1：33

径25.85毫米，厚1.20毫米，重3.60克。北宋宋元通宝，隶书小平，大字，背上月。

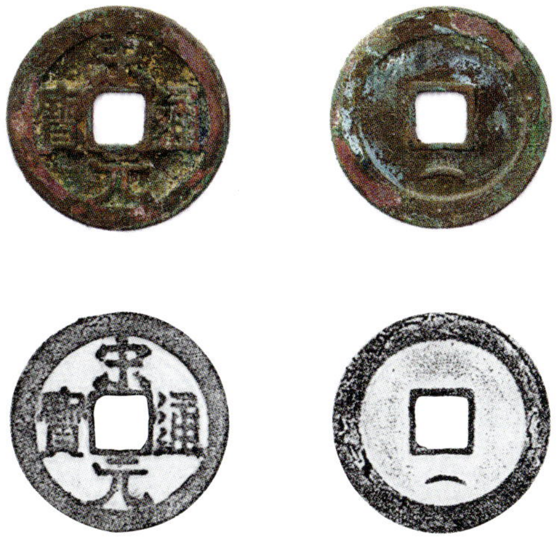

◘ J2：48

径25.60毫米，厚1.55毫米，重4.45克。北宋宋元通宝，隶书小平，大字，背下月。

J1：35

径25.70毫米，厚1.20毫米，重3.47克。北宋宋元通宝，隶书小平，大字，背右下角月。

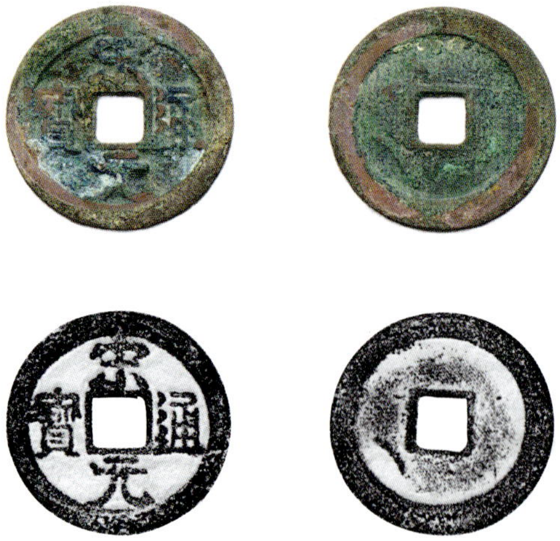

J1：377

径25.86毫米，厚1.55毫米，重4.85克。北宋宋元通宝，隶书小平，大字，背左下角月。

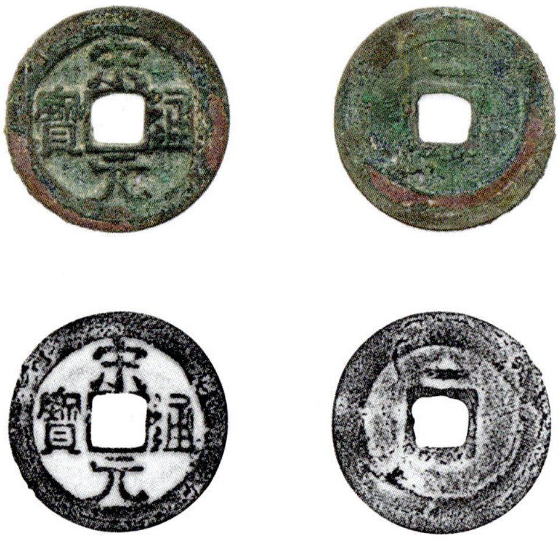

J1：29

径25.80毫米，厚1.48毫米，重4.28克。北宋宋元通宝，隶书小平，大字，背上直纹。

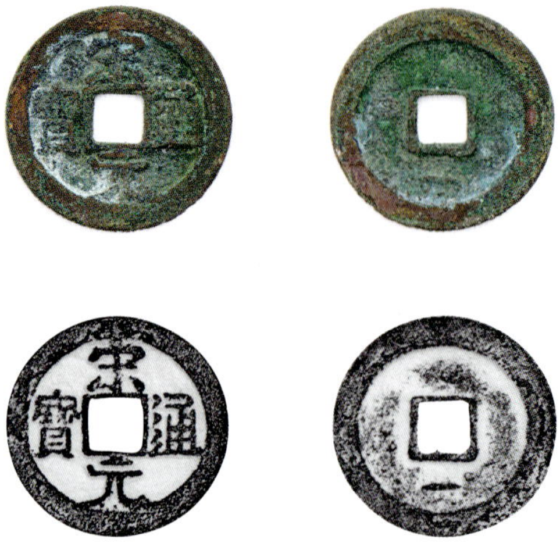

J1：63

径25.80毫米，厚1.45毫米，重4.00克。北宋宋元通宝，隶书小平，大字，背下直纹。

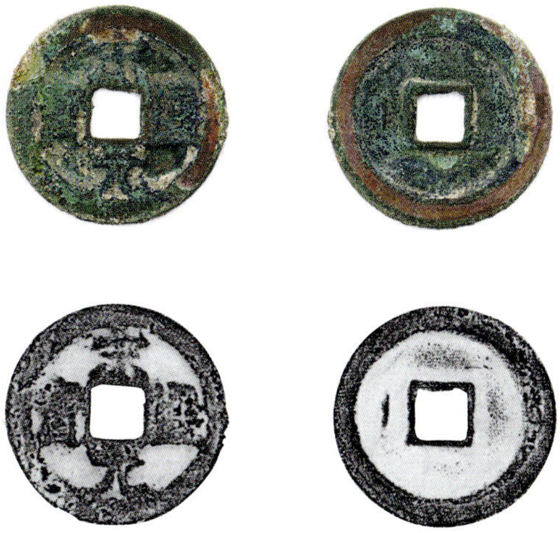

◘ J2：70

径25.84毫米，厚1.59毫米，重4.34克。北宋宋元通宝，隶书小平，大字，背左直纹。

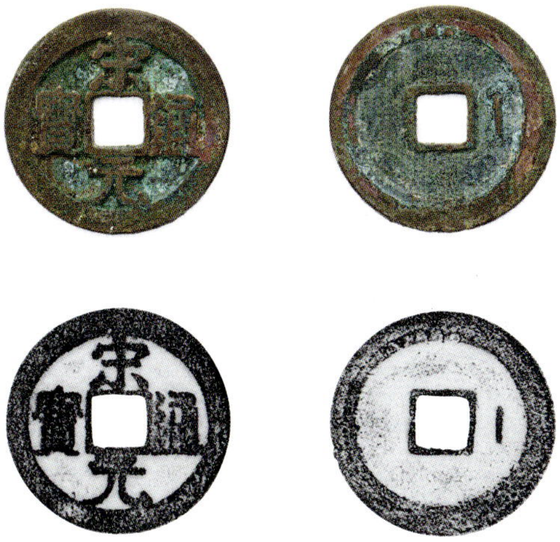

◘ J1：31

径25.90毫米，厚1.42毫米，重4.35克。北宋宋元通宝，隶书小平，大字，背右直纹。

◘ J1：32

径24.10毫米，厚1.35毫米，重3.61克。北宋宋元通宝，隶书小平，中字，背无文。

◘ J2：9

径24.43毫米，厚1.50毫米，重3.75克。北宋宋元通宝，隶书小平，中字，背上星。

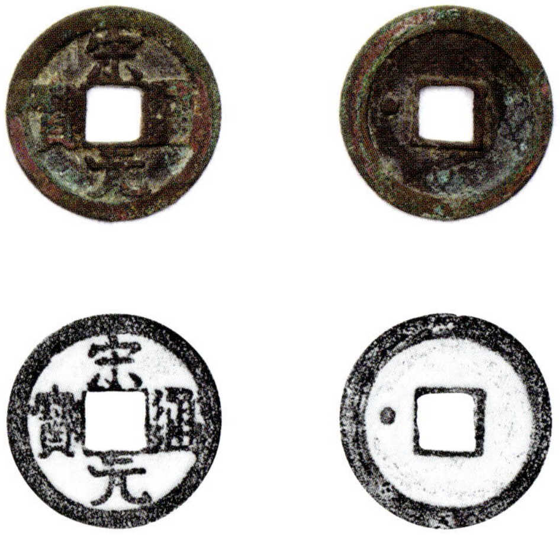

J1：108

径24.40毫米，厚1.45毫米，重3.60克。北宋宋元通宝，隶书小平，中字，背左星。

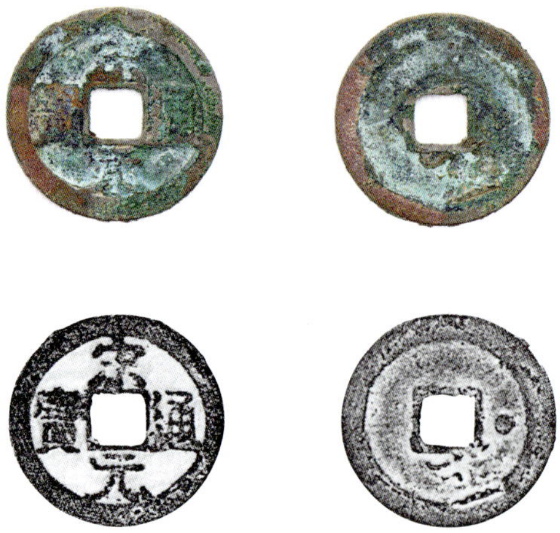

J2：67

径24.34毫米，厚1.35毫米，重3.63克。北宋宋元通宝，隶书小平，中字，背右星。

J1：38

径24.50毫米，厚1.40毫米，重3.57克。北宋宋元通宝，隶书小平，中字，背上月。

J1：376

径24.00毫米，厚1.26毫米，重3.36克。北宋宋元通宝，隶书小平，中字，背左月。

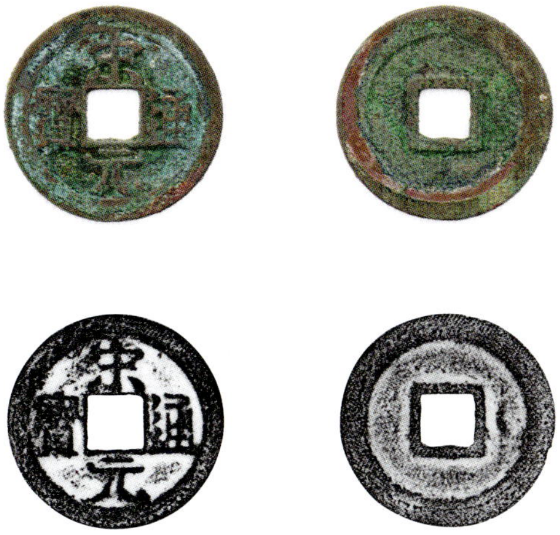

J1：54

径24.50毫米，厚1.50毫米，重4.23克。北宋宋元通宝，隶书小平，中字，背右月。

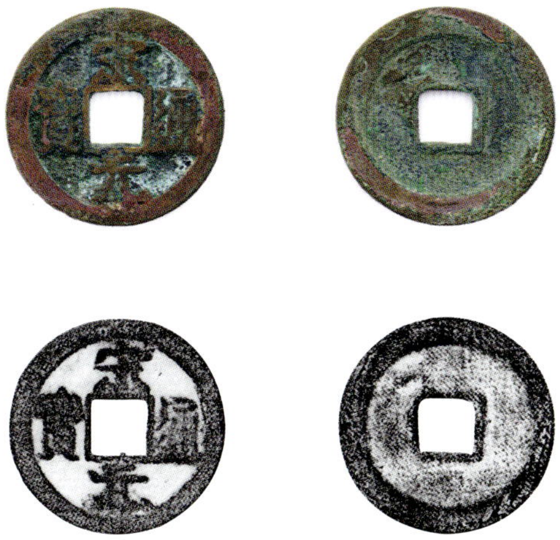

J1：143

径24.65毫米，厚1.45毫米，重3.77克。北宋宋元通宝，隶书小平，中字，背左上角月。

J2：79

径24.40毫米，厚1.45毫米，重3.83克。北宋宋元通宝，隶书小平，中字，背右上角月。

J1：37

径24.70毫米，厚1.30毫米，重3.31克。北宋宋元通宝，隶书小平，中字，背右直纹。

J1：40

径23.00毫米，厚1.23毫米，重2.66克。北宋宋元通宝，隶书小平，小字，背无文。

2. 太平通宝

J1、J2 分别有 845、345 枚，共 1190 枚。

北宋太宗太平兴国年间（976 ～ 984 年）铸造。小平钱。钱文顺读。隶书。钱文字形和背文有别。

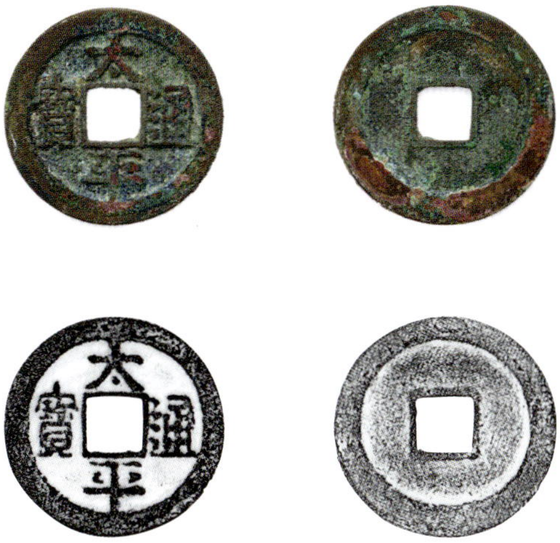

J1：145

径25.20毫米，厚1.20毫米，重3.30克。北宋太平通宝，隶书小平，背无文。

J1：125

径24.50毫米，厚1.35毫米，重3.44克。北宋太平通宝，隶书小平，背左星。

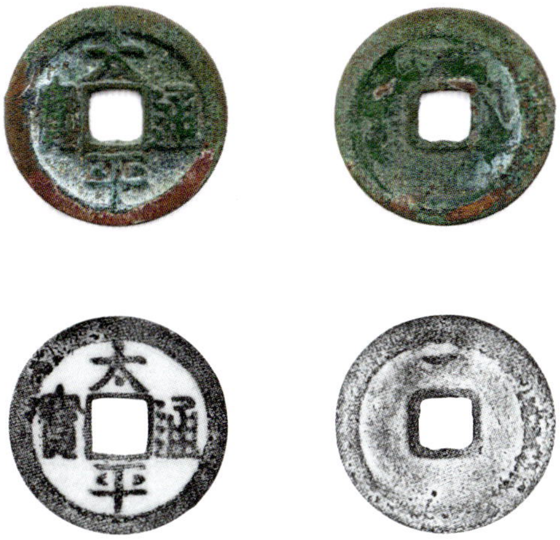

J1：297

径25.09毫米，厚1.33毫米，重3.70克。北宋太平通宝，隶书小平，背上月。

J1：296

径25.22毫米，厚1.33毫米，重4.20克。北宋太平通宝，隶书小平，背左月。

J1：294

径25.10毫米，厚1.27毫米，重3.70克。北宋太平通宝，隶书小平，背左直纹。

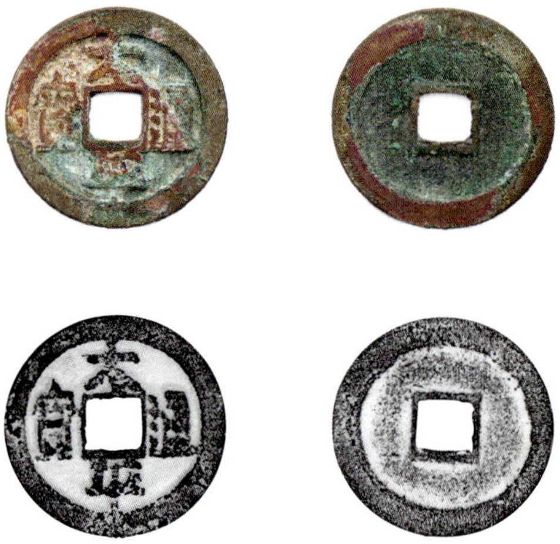

J1：338

径25.05毫米，厚1.32毫米，重3.40克。北宋太平通宝，隶书小平，长“通”“宝”，背无文。

J2：188

径22.61毫米，厚1.08毫米，重2.30克。太平通宝，隶书小平，私铸或越南钱，背无文。

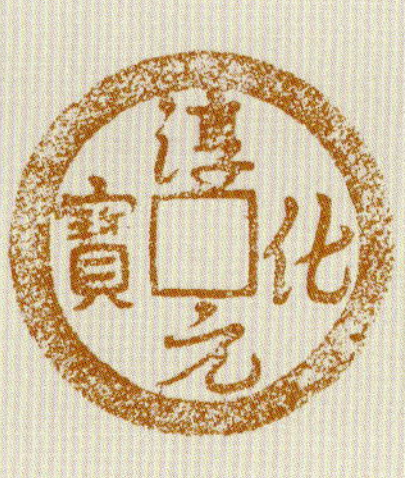

3. 淳化元宝

J1、J2 分别有 892、413 枚，共 1305 枚。

北宋太宗淳化元年（990 年）始铸。小平钱。钱文旋读。分真书、行书和草书。

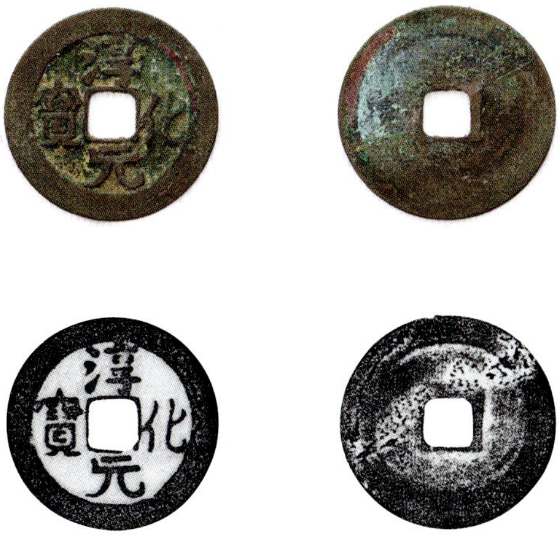

J1：242

径24.34毫米，厚1.23毫米，重3.93克。北宋淳化元宝，真书小平，背无文。

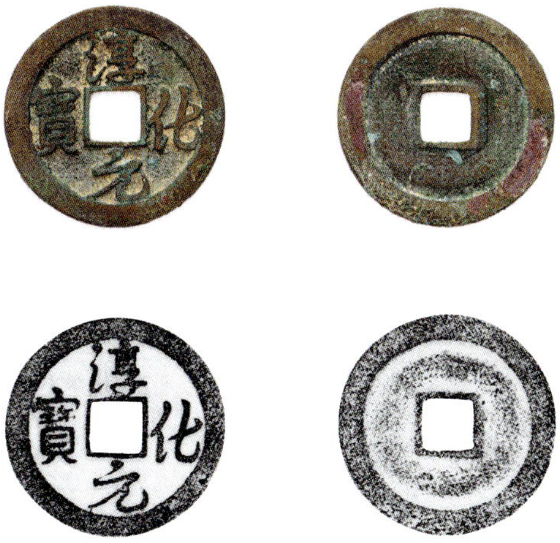

J1：8

径24.90毫米，厚1.25毫米，重3.45克。北宋淳化元宝，行书小平，背无文。

J1：246

径24.98毫米，厚1.38毫米，重4.36克。北宋淳化元宝，草书小平，背无文。

4. 至道元宝

J1、J2 分别有 1930、775 枚，共 2705 枚。

北宋太宗至道年间（995～997 年）铸造。小平钱。钱文旋读。分真书、行书和草书。

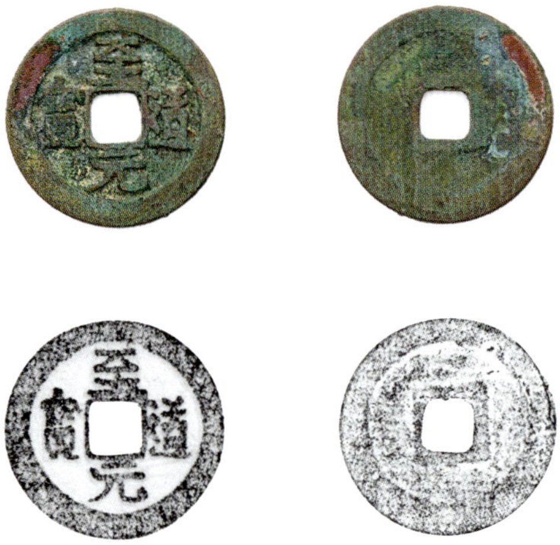

J1：81

径24.80毫米，厚1.35毫米，重4.13克。北宋至道元宝，真书小平，背无文。

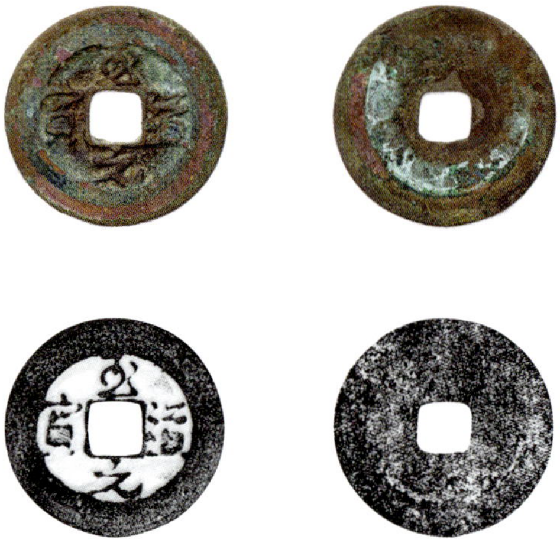

J1：269

径24.91毫米，厚1.23毫米，重3.69克。北宋至道元宝，行书小平，阔缘，背隐内郭、无文。

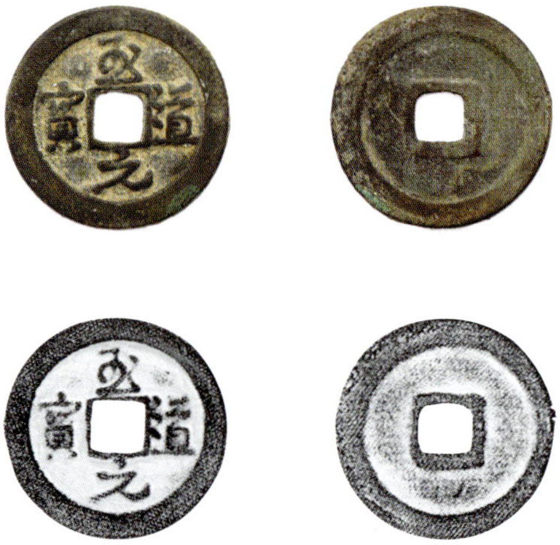

J2：2

径25.40毫米，厚1.49毫米，重4.21克。北宋至道元宝，行书小平，正缘，背无文。

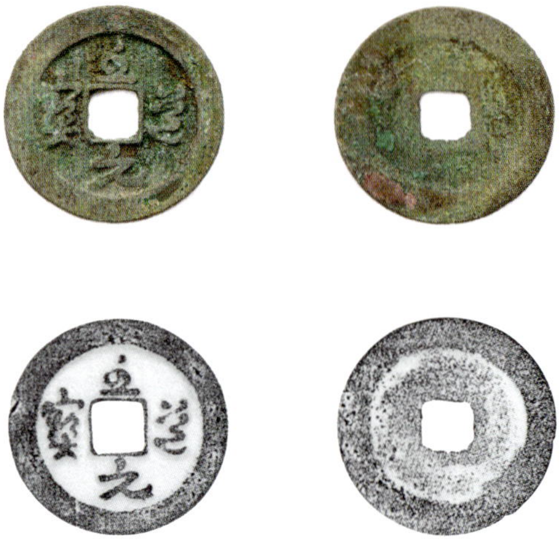

J1：348

径25.17毫米，厚1.28毫米，重4.03克。北宋至道元宝，草书小平，背无文。

5. 咸平元宝

J1、J2 分别有 1972、904 枚，共 2876 枚。

北宋真宗咸平年间（998～1003 年）铸造。小平钱。钱文旋读。真书。背无文。

J1：250

径25.03毫米，厚1.35毫米，重3.77克。北宋咸平元宝，真书小平，背无文。

6. 景德元宝

J1、J2 分别有 2223、1075 枚，共 3298 枚。

北宋真宗景德年间（1004～1007 年）铸造。小平钱。钱文旋读。真书。钱体外缘宽窄有别。

J1：244

径25.10毫米，厚1.70毫米，重5.49克。北宋景德元宝，真书小平，正缘，背无文。

J1：256

径25.12毫米，厚1.41毫米，重4.30克。北宋景德元宝，真书小平，宽缘，背无文。

7. 祥符元宝

J1、J2 分别有 2910、1300 枚，共 4210 枚。

北宋真宗大中祥符年间（1008 ～ 1016 年）铸造。小平钱。钱文旋读。真书。钱文“元”字有别。

J1：245

径25.75毫米，厚1.45毫米，重3.97克。北宋祥符元宝，真书小平，阔“元”，背无文。

J1：359

径25.75毫米，厚1.21毫米，重3.40克。北宋祥符元宝，真书小平，狭“元”，阔缘，背无文。

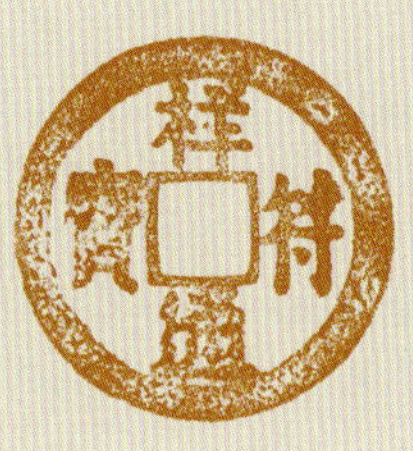

8. 祥符通宝

J1、J2 分别有 1762、826 枚，共 2588 枚。

北宋真宗大中祥符年间（1008 ～ 1016 年）铸造。小平钱。钱文旋读。真书。钱文字体大小有别。

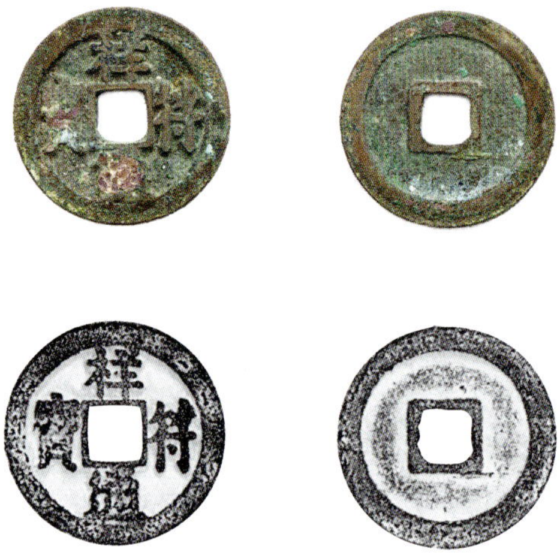

J1：356

径24.90毫米，厚1.60毫米，重4.39克。北宋祥符通宝，真书小平，大字，背无文。

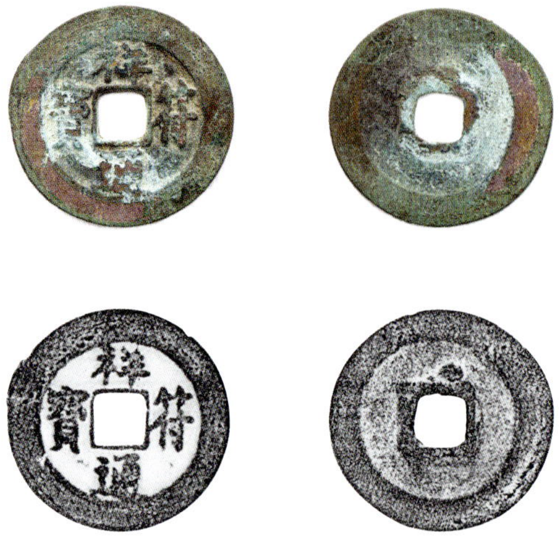

J1：361

径26.00毫米，厚1.34毫米，重4.60克。北宋祥符通宝，真书小平，中字，背无文。

J1：364

径26.02毫米，厚1.43毫米，重4.20克。北宋祥符通宝，真书小平，小字，背无文。

9. 天禧通宝

J1、J2 分别有 2324、1114 枚，共 3438 枚。

北宋真宗天禧年间（1017 ～ 1021 年）铸造。小平钱。钱文旋读。真书。钱文字体大小有别。

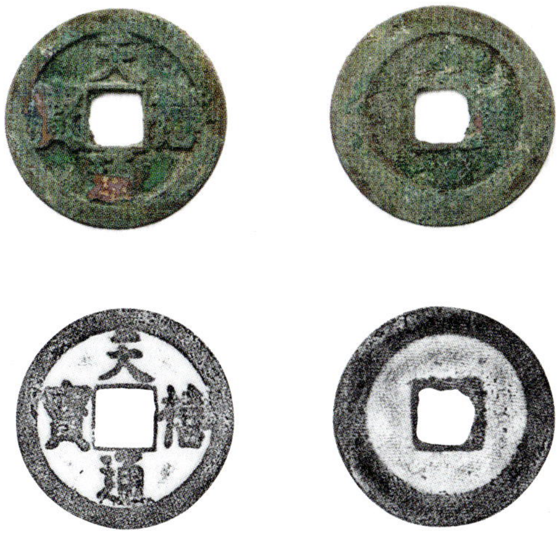

J1：288

径25.88毫米，厚1.32毫米，重4.00克。北宋天禧通宝，真书小平，大字，背无文。

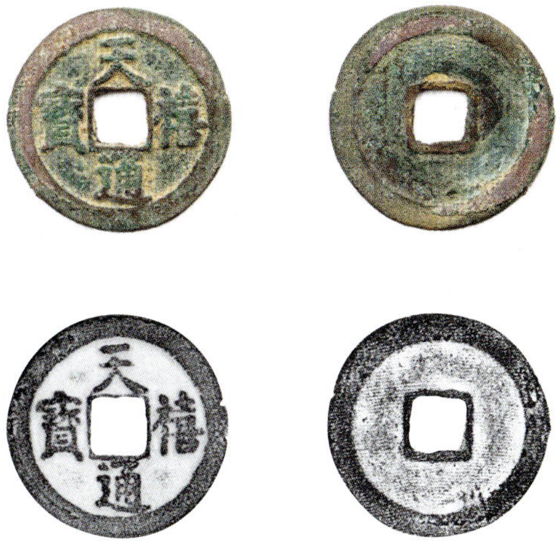

J1：286

径25.74毫米，厚1.26毫米，重3.60克。北宋天禧通宝，真书小平，中字，背无文。

J1：287

径24.15毫米，厚1.46毫米，重4.10克。北宋天禧通宝，真书小平，小字，背无文。

10. 天圣元宝

J1、J2 分别有 5065、2240 枚，共 7305 枚。

北宋仁宗天圣年间（1023 ～ 1032 年）铸造。小平钱。钱文旋读。分篆书和真书。

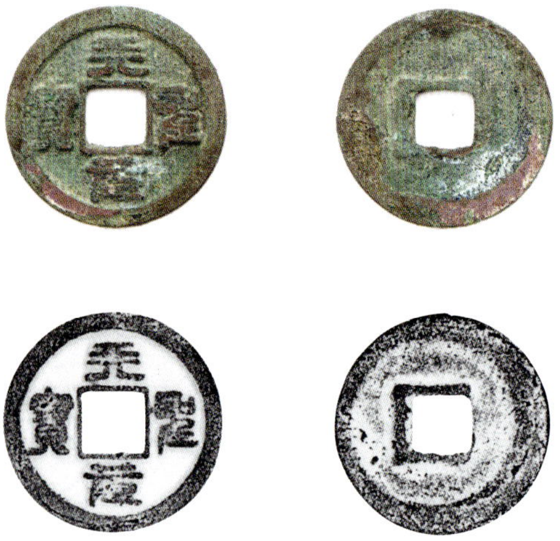

J1：350

径25.45毫米，厚1.51毫米，重4.00克。北宋天圣元宝，篆书小平，背无文。

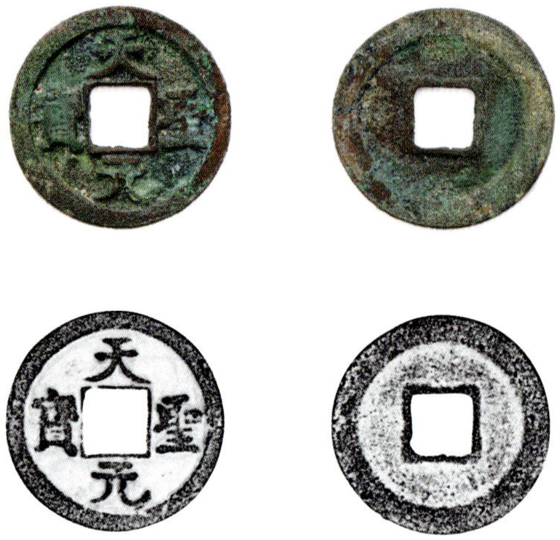

J2：86

径25.31毫米，厚1.43毫米，重3.83克。北宋天圣元宝，真书小平，背无文。

J1：142

径25.10毫米，厚1.30毫米，重3.52克。北宋天圣元宝，真书小平，宽缘小字，花穿，背无文。

11. 明道元宝

J1、J2 分别有 535、225 枚，共 760 枚。

北宋仁宗明道年间（1032 ～ 1033 年）铸造。小平钱。钱文旋读。分篆书和真书。

J2：84

径25.16毫米，厚1.45毫米，重3.95克。北宋明道元宝，篆书小平，背无文。

J1：351

径25.81毫米，厚1.48毫米，重4.40克。北宋明道元宝，真书小平，背无文。

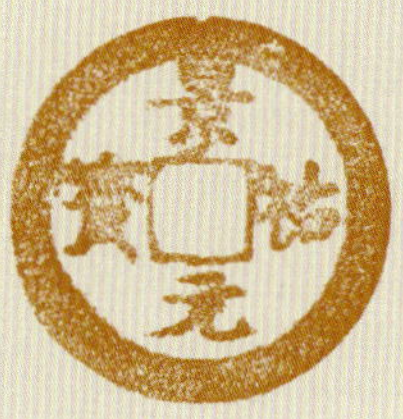

12. 景祐元宝

J1、J2 分别有 1303、498 枚，共 1801 枚。

北宋仁宗景祐年间（1034 ～ 1038 年）铸造。小平钱。钱文旋读。分篆书和真书。

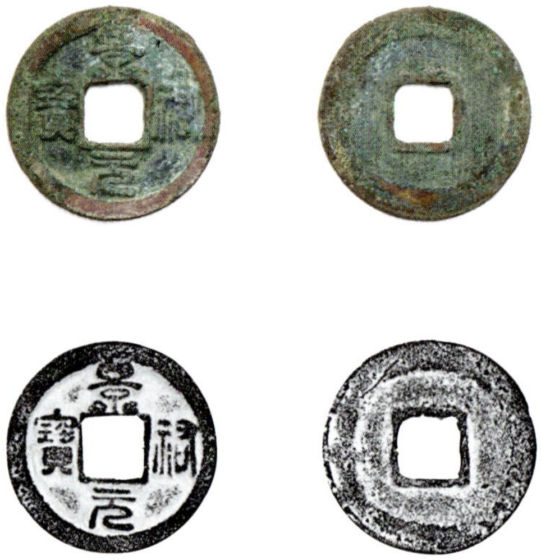

J1：366

径25.53毫米，厚1.40毫米，重4.22克。北宋景祐元宝，篆书小平，背无文。

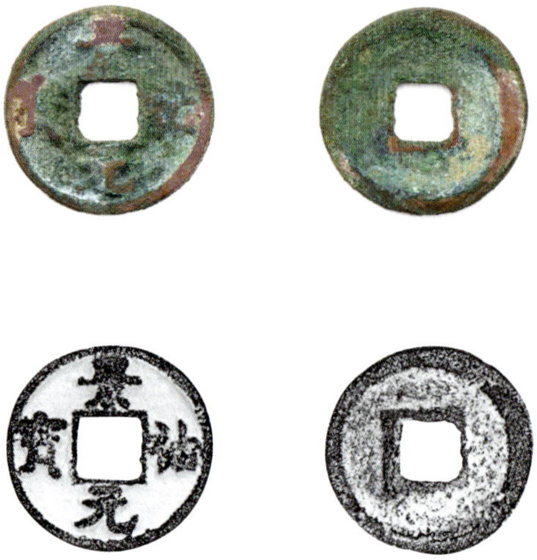

J1：367

径24.45毫米，厚1.71毫米，重4.64克。北宋景祐元宝，真书小平，窄缘，背无文。

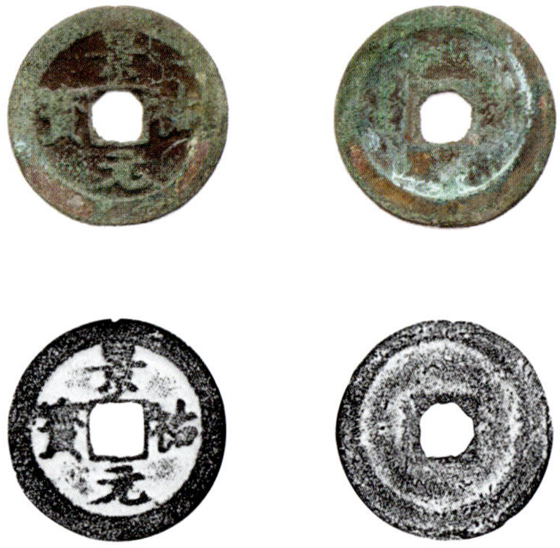

J1：368

径25.48毫米，厚1.35毫米，重4.20克。北宋景祐元宝，真书小平，宽缘，背无文。

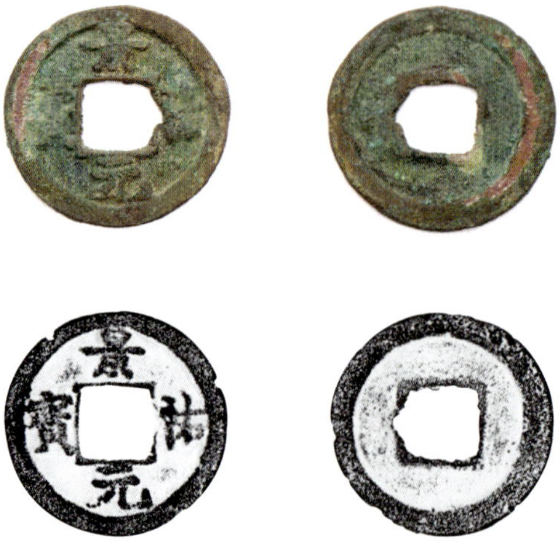

J1：371

径25.93毫米，厚1.50毫米，重4.43克。北宋景祐元宝，真书小平，广穿，背无文。

13. 皇宋通宝

J1、J2 分别有 9648、4260 枚，共 13908 枚。

北宋仁宗宝元二年（1039 年）始铸。小平钱。钱文顺读。分篆书和真书。

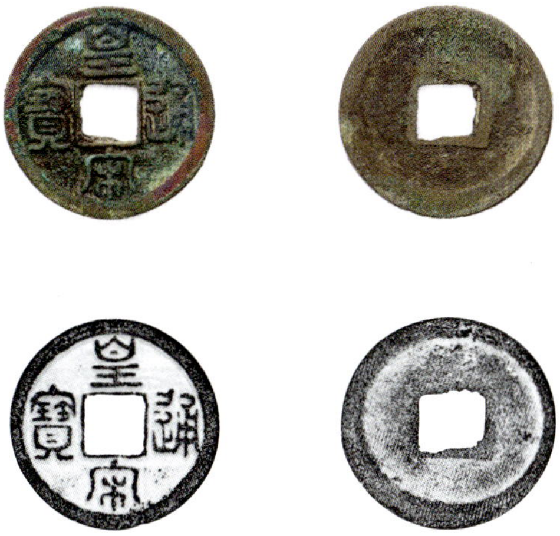

J1：247

径24.19毫米，厚1.49毫米，重3.61克。北宋皇宋通宝，篆书小平，大字，背无文。

J2：60

径24.57毫米，厚1.44毫米，重4.04克。北宋皇宋通宝，篆书小平，小字，背无文。

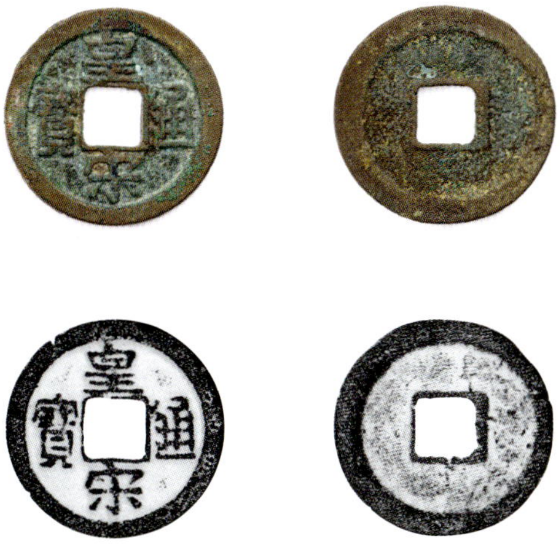

J1：241

径24.95毫米，厚1.42毫米，重4.09克。北宋皇宋通宝，真书小平，大字，背无文。

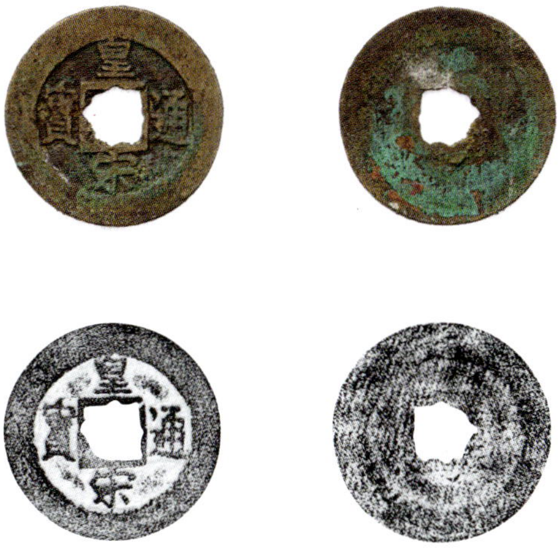

J1：133

径24.60毫米，厚1.15毫米，重3.64克。北宋皇宋通宝，真书小平，宽缘细字，背无文。

J1：210

径24.87毫米，厚1.16毫米，重3.23克。北宋皇宋通宝，真书小平，背左直纹。

14. 庆历重宝

J1、J2 分别有 45、7 枚，共 52 枚。

北宋仁宗庆历年间（1041 ～ 1048 年）铸造。真书。钱文分顺读和旋读，钱径有别。

J1：43

径30.00毫米，厚1.90毫米，重7.56克。北宋庆历重宝，真书旋读，背无文。

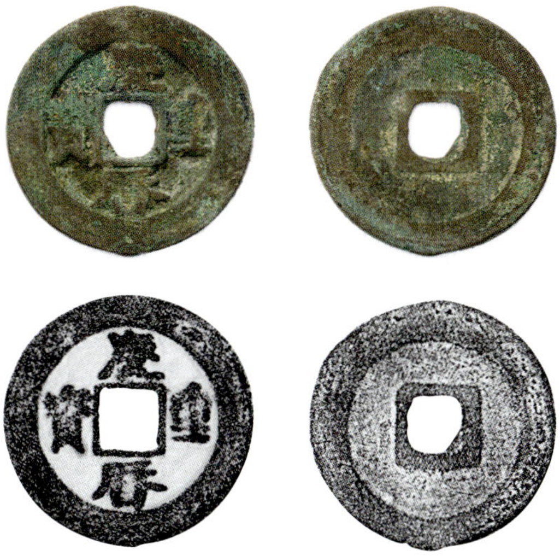

J2：10

径30.56毫米，厚1.67毫米，重8.11克。北宋庆历重宝，真书顺读，阔缘，背无文。

J2：21

径29.96毫米，厚2.01毫米，重7.73克。北宋庆历重宝，真书顺读，正缘，背无文。

J2：43

径27.02毫米，厚1.20毫米，重4.01克。北宋庆历重宝，真书顺读，小径，背无文。

15. 至和元宝

J1、J2 分别有 959、386 枚，共 1345 枚。

北宋仁宗至和年间（1054 ～ 1056 年）铸造。小平钱。钱文旋读。分篆书和真书。

J1：278

径23.81毫米，厚1.64毫米，重4.51克。北宋至和元宝，篆书小平，背无文。

J1：138

径23.90毫米，厚1.25毫米，重3.34克。北宋至和元宝，真书小平，背无文。

16. 至和通宝

J1、J2 分别有 266、198 枚，共 464 枚。

北宋仁宗至和年间（1054 ～ 1056 年）铸造。小平钱。钱文顺读。分篆书和真书。

J1：358

径24.80毫米，厚1.45毫米，重4.40克。北宋至和通宝，篆书小平，背无文。

J1：355

径25.20毫米，厚1.40毫米，重4.32克。北宋至和通宝，真书小平，背无文。

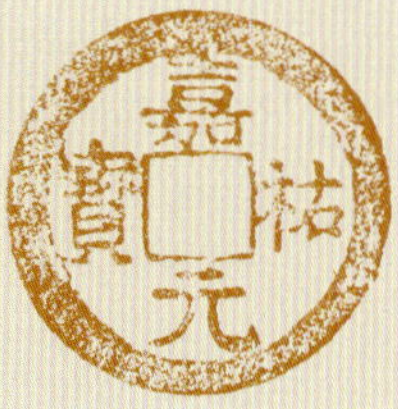

17. 嘉祐元宝

J1、J2 分别有 996、952 枚，共 1948 枚。

北宋仁宗嘉祐年间（1056 ～ 1063 年）铸造。小平钱。钱文旋读。分篆书和真书。

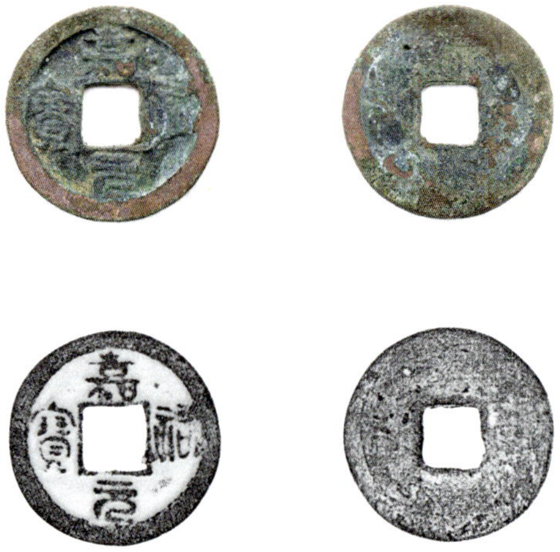

J1：346

径23.91毫米，厚1.32毫米，重3.70克。北宋嘉祐元宝，篆书小平，背无文。

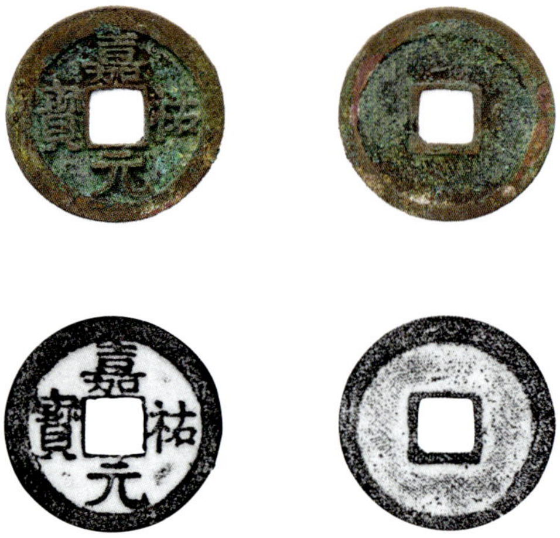

J1：20

径24.70毫米，厚1.35毫米，重3.39克。北宋嘉祐元宝，真书含隶，深字，背无文。

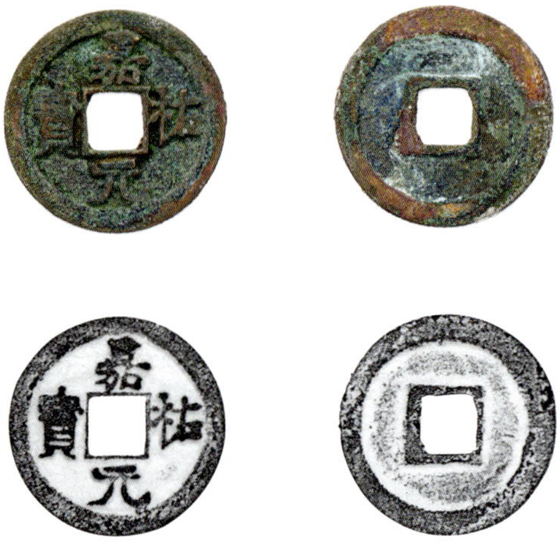

J1：12

径25.30毫米，厚1.35毫米，重3.46克。北宋嘉祐元宝，真书含隶，左挑“元”，背无文。

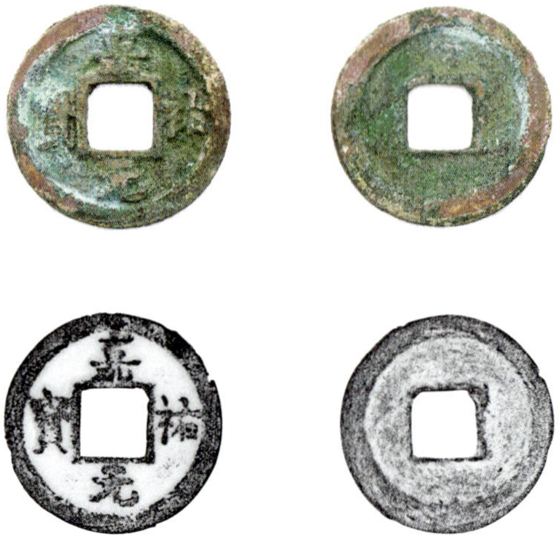

J1：345

径25.32毫米，厚1.36毫米，重3.90克。北宋嘉祐元宝，真书小平，背无文。

18. 嘉祐通宝

J1、J2 分别有 1919、788 枚，共 2707 枚。

北宋仁宗嘉祐年间（1056 ～ 1063 年）铸造。小平钱。钱文顺读。分篆书和真书。

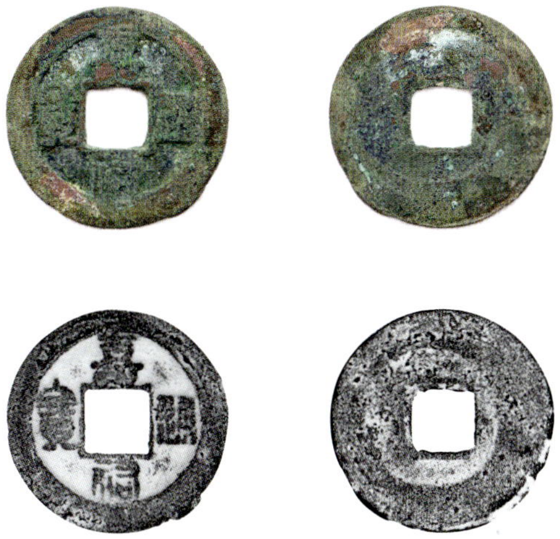

J1：347

径25.94毫米，厚1.30毫米，重4.10克。北宋嘉祐通宝，篆书小平，背无文。

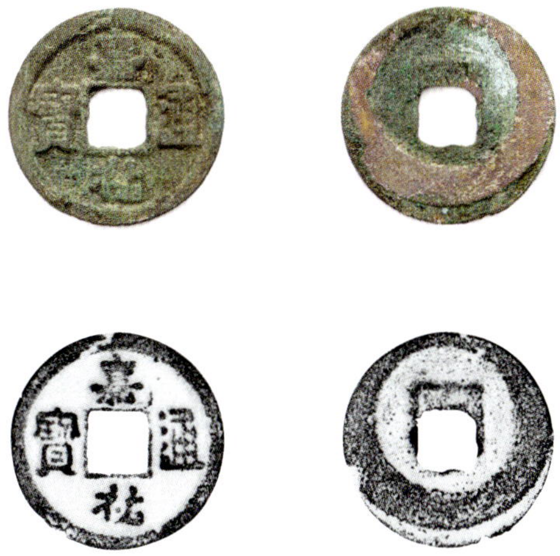

J1：352

径23.92毫米，厚1.54毫米，重3.80克。北宋嘉祐通宝，真书含隶，背无文。

J1：349

径25.41毫米，厚1.24毫米，重3.60克。北宋嘉祐通宝，真书小平，背无文。

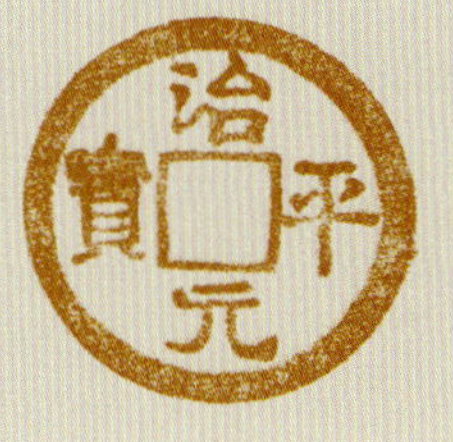

19. 治平元宝

J1、J2 分别有 1807、904 枚，共 2711 枚。

北宋英宗治平年间（1064 ～ 1067 年）铸造。小平钱。钱文旋读。分篆书和真书。

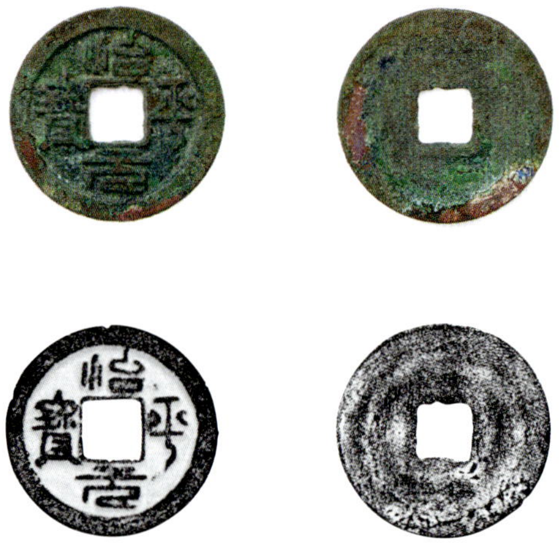

J1：262

径24.25毫米，厚1.53毫米，重4.14克。北宋治平元宝，篆书小平，分足“宝”，背无文。

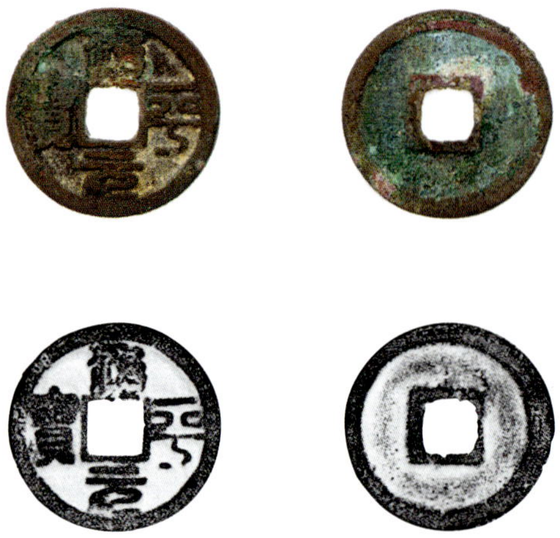

J1：263

径23.55毫米，厚1.43毫米，重3.87克。北宋治平元宝，篆书小平，大字弯“平”，背无文。

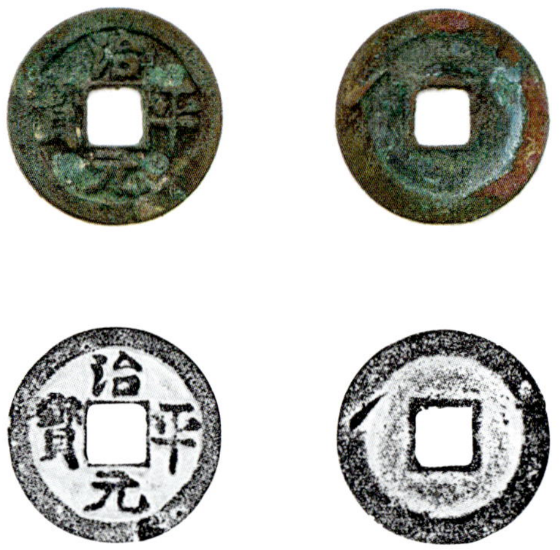

J2：49

径24.31毫米，厚1.65毫米，重4.62克。北宋治平元宝，真书小平，背无文。

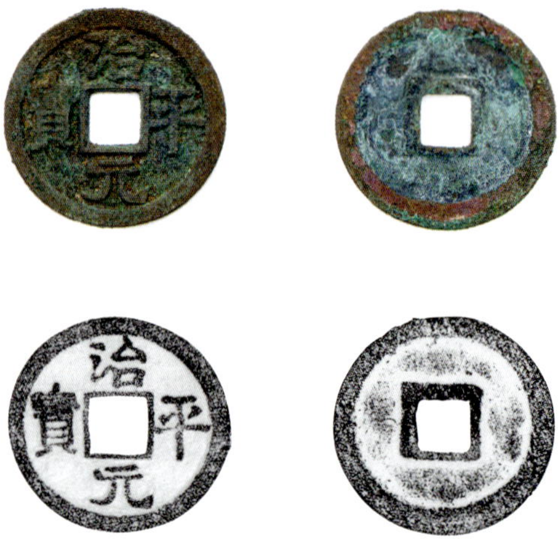

J1：6

径25.30毫米，厚1.35毫米，重3.90克。北宋治平元宝，真书小平，左挑“元”，背无文。

20. 治平通宝

J1、J2 分别有 233、112 枚，共 345 枚。

北宋英宗治平年间（1064 ～ 1067 年）铸造。小平钱。钱文顺读。分篆书和真书。

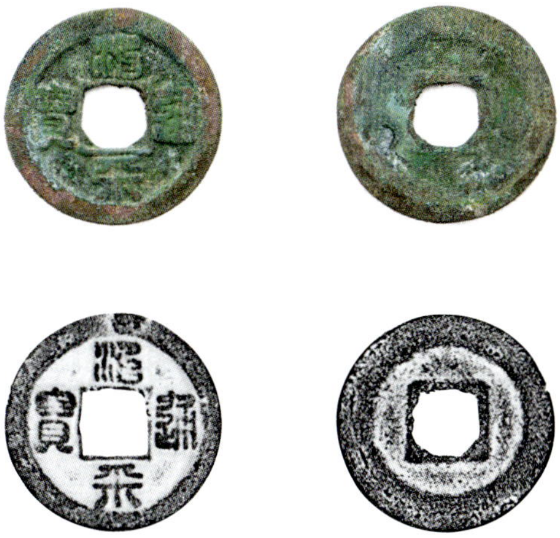

J1：353

径24.58毫米，厚1.48毫米，重4.30克。北宋治平通宝，篆书小平，采“平”，背无文。

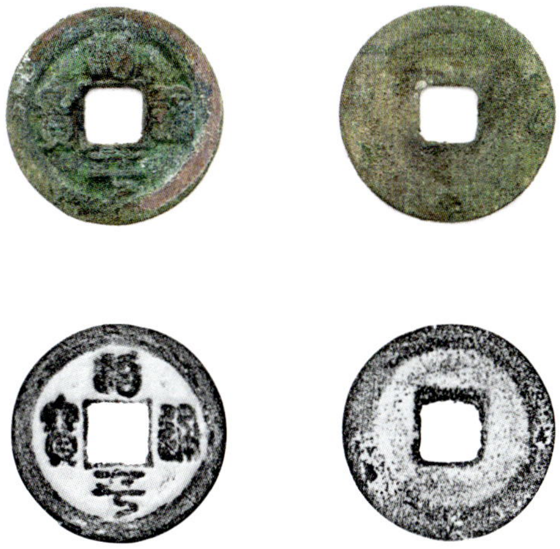

J1：354

径24.20毫米，厚1.53毫米，重4.20克。北宋治平通宝，篆书小平，弯“平”，背无文。

J1：299

径24.53毫米，厚1.24毫米，重3.40克。北宋治平通宝，真书小平，背无文。

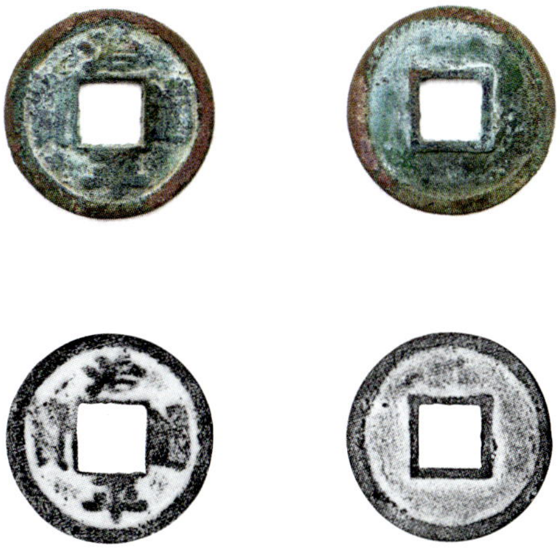

J1：298

径22.89毫米，厚1.07毫米，重2.30克。北宋治平通宝，真书小平，小径，背无文。

21. 熙宁元宝

J1、J2 分别有 8987、4328 枚，共 13315 枚。

北宋神宗熙宁年间（1068 ～ 1077 年）铸造。小平钱。钱文旋读。分篆书和真书。

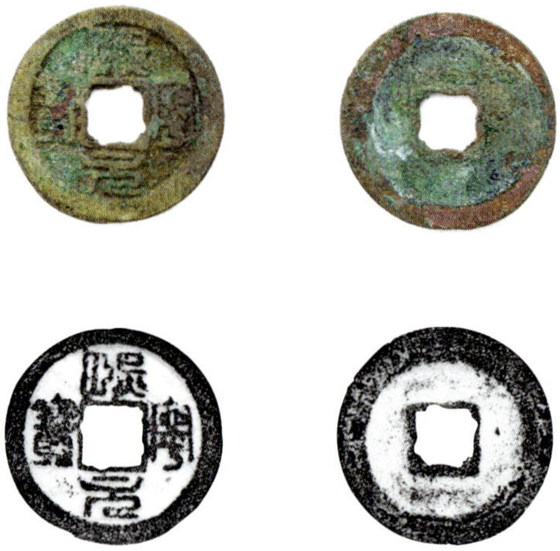

J1：270

径24.08毫米，厚1.47毫米，重4.10克。北宋熙宁元宝，篆书小平，弯“宁”，背无文。

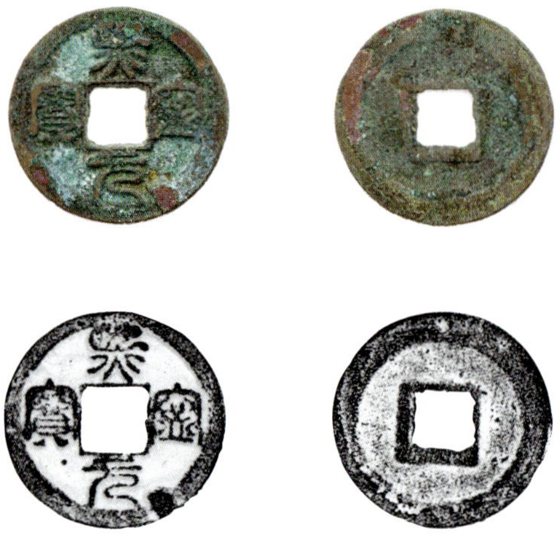

J1：271

径24.93毫米，厚1.48毫米，重4.37克。北宋熙宁元宝，篆书小平，火“熙”，背无文。

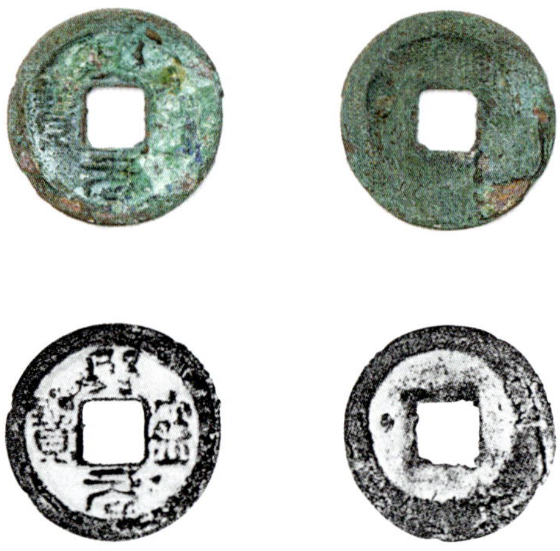

J2：37

径24.08毫米，厚1.58毫米，重3.70克。北宋熙宁元宝，篆书小平，背左星。

J1：95

径23.60毫米，厚1.70毫米，重4.16克。北宋熙宁元宝，真书含隶“元”，背无文。

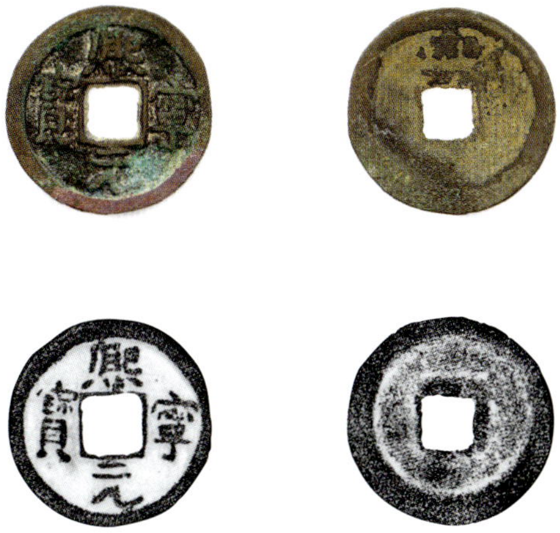

◎ J1：272

径23.08毫米，厚1.48毫米，重3.98克。北宋熙宁元宝，真书小平，狭元，背无文。

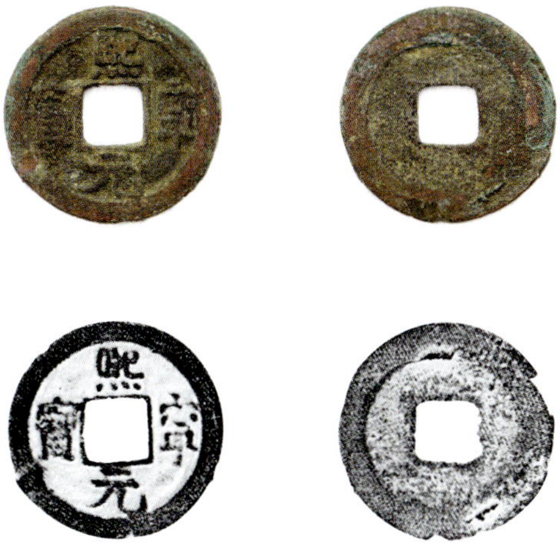

◎ J2：25

径24.11毫米，厚1.68毫米，重4.26克。北宋熙宁元宝，真书小平，小字，背无文。

◎ J1：273

径24.41毫米，厚1.68毫米，重4.65克。北宋熙宁元宝，真书小平，大字行“元”，背无文。

22. 熙宁重宝

J1、J2 分别有 2304、1060 枚，共 3364 枚。

北宋神宗熙宁年间（1068 ～ 1077 年）铸造。钱文旋读。分篆书、隶书和真书，钱径有别。

J1：203

径31.58毫米，厚1.55毫米，重8.41克。北宋熙宁重宝，大径鸟篆，宽缘，背无文。

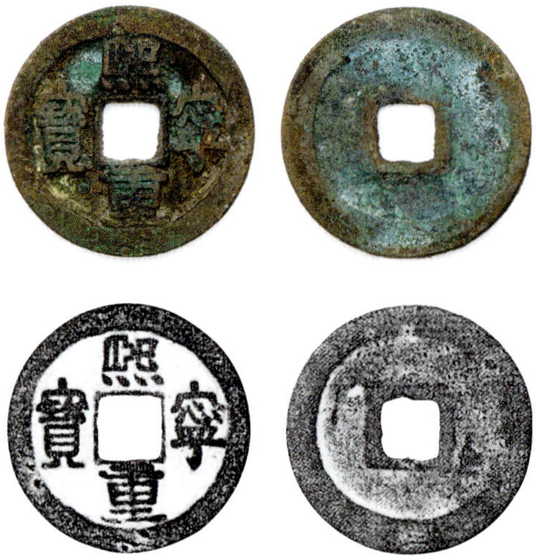

J1：106

径30.50毫米，厚2.10毫米，重9.03克。北宋熙宁重宝，大径隶书，背无文。

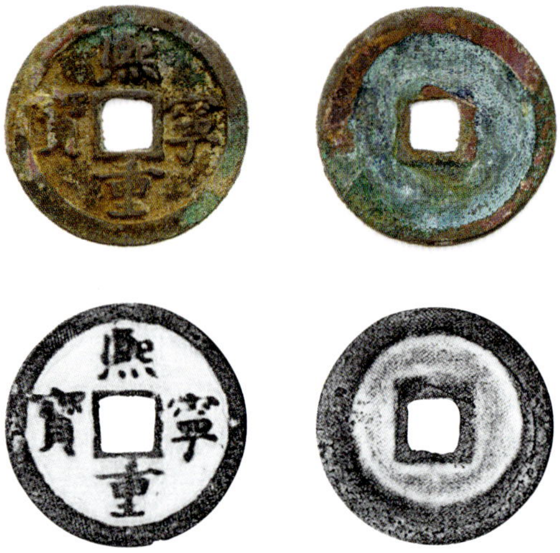

J1：96

径29.00毫米，厚2.10毫米，重7.73克。北宋熙宁重宝，小径真书，背无文。

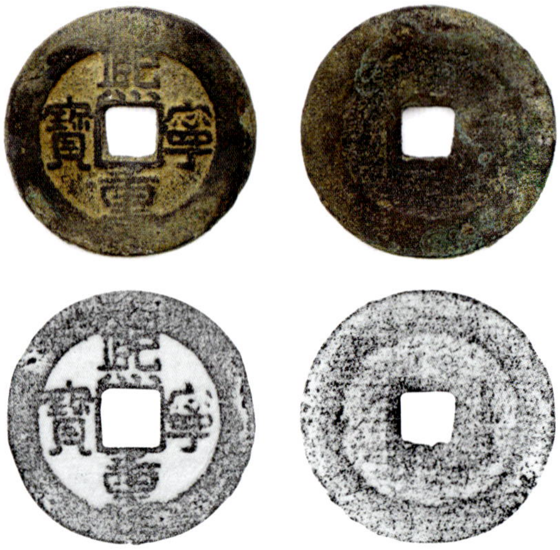

J1：204

径31.62毫米，厚1.67毫米，重8.06克。北宋熙宁重宝，大径真书，宽缘，背无文。

23. 元丰通宝

北宋神宗元丰年间（1078 ～ 1085 年）铸造。大小二品。

小平钱。J1、J2 分别有 10304、4927 枚，共 15231 枚。
钱文旋读。分篆书、行书和隶书。

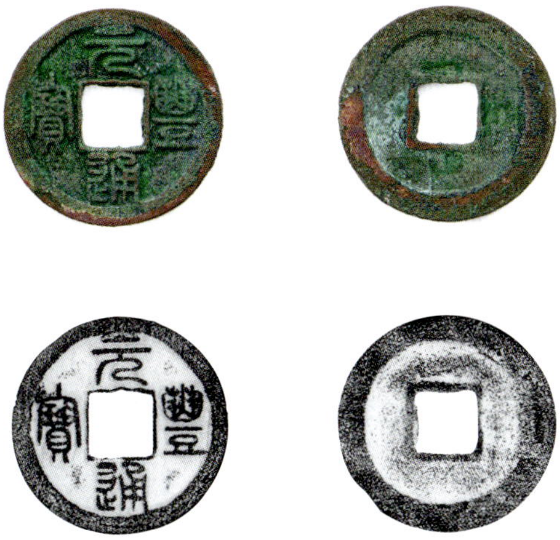

J1：134
径25.00毫米，厚1.65毫米，重4.92克。北宋元丰通宝，篆书小平，大字，背无文。

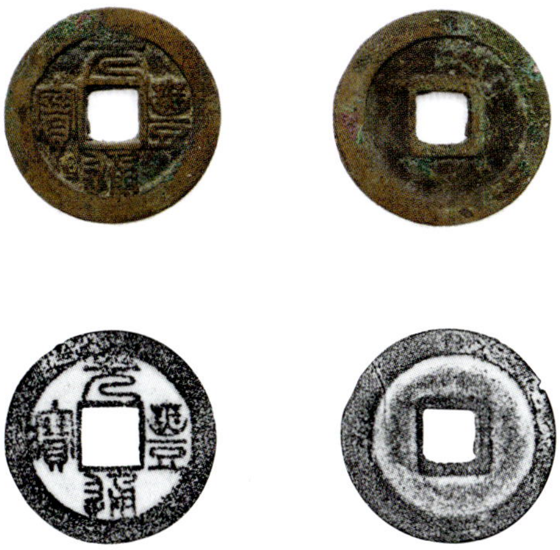

J1：17
径24.10毫米，厚1.54毫米，重4.06克。北宋元丰通宝，篆书小平，中缘，背无文。

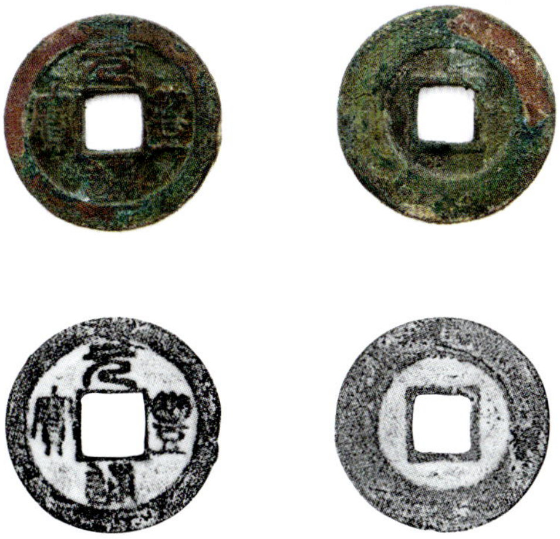

J1：23
径24.75毫米，厚1.75毫米，重4.96克。北宋元丰通宝，篆书小平，小字，背阔缘、无文。

J1：99
径25.50毫米，厚1.41毫米，重3.81克。北宋元丰通宝，行书小平，粗字，背无文。

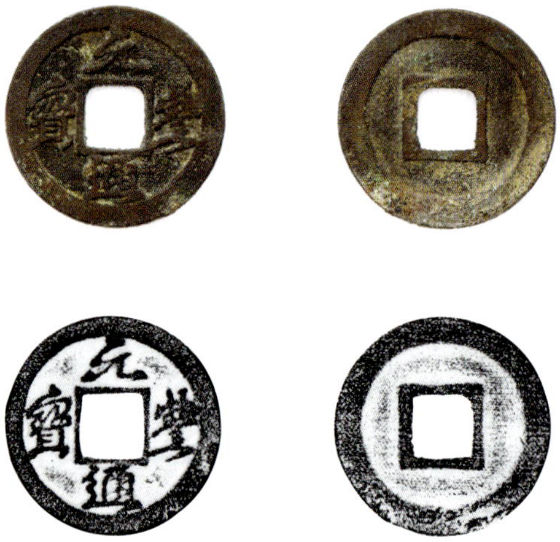

◘ J1：100

径25.20毫米，厚1.50毫米，重5.03克。北宋元丰通宝，行书小平，细字，背无文。

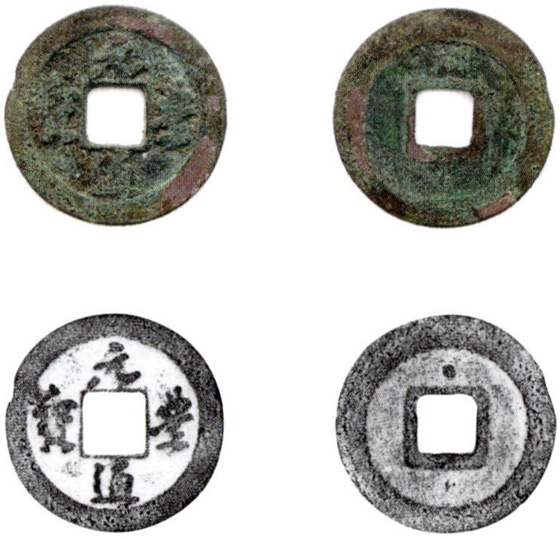

◘ J1：293

径25.12毫米，厚1.36毫米，重3.90克。北宋元丰通宝，行书小平，背上星。

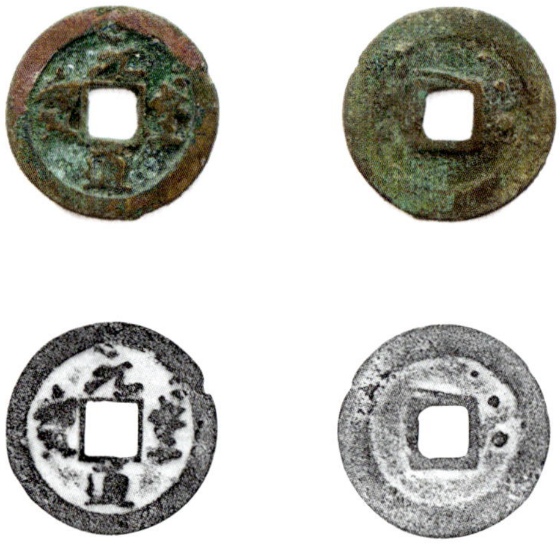

◘ J1：24

径23.90毫米，厚1.40毫米，重3.90克。北宋元丰通宝，行书小平，背三星。

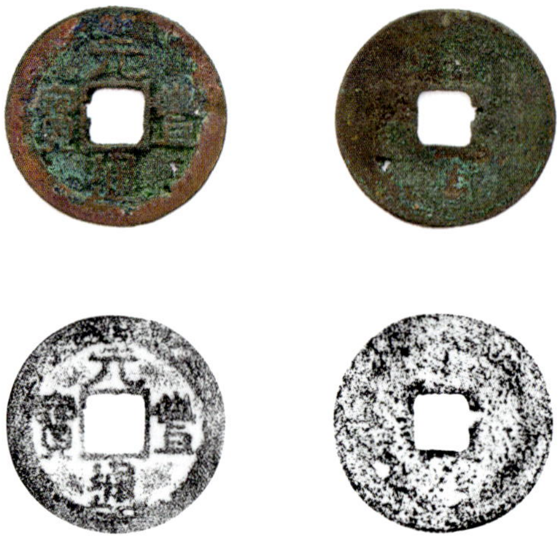

◘ J1：221

径25.03毫米，厚1.09毫米，重3.24克。北宋元丰通宝，隶书小平，背无文。

折二钱。J1、J2 分别有 3692、1671 枚，共 5363 枚。钱文旋读。分篆书和行书，背文有别。

◘ J1：13

径30.35毫米，厚1.84毫米，重8.33克。北宋元丰通宝，篆书折二，狭俯“元”，背无文。

◘ J1：10

径29.25毫米，厚1.78毫米，重7.68克。北宋元丰通宝，篆书折二，大字，背无文。

◘ J1：49

径29.40毫米，厚2.04毫米，重8.16克。北宋元丰通宝，篆书折二，背上星。

◘ J1：168

径28.95毫米，厚2.20毫米，重8.65克。北宋元丰通宝，篆书折二，背上仰月。

J1：306

径30.31毫米，厚2.12毫米，重9.00克。北宋元丰通宝，篆书折二，背上俯月。

J1：44

径30.20毫米，厚1.93毫米，重8.86克。北宋元丰通宝，行书折二，背上星。

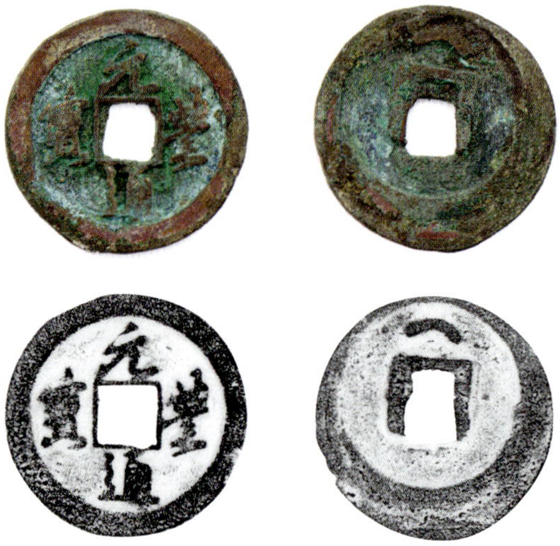

J1：68

径29.80毫米，厚1.90毫米，重7.46克。北宋元丰通宝，行书折二，背上俯月。

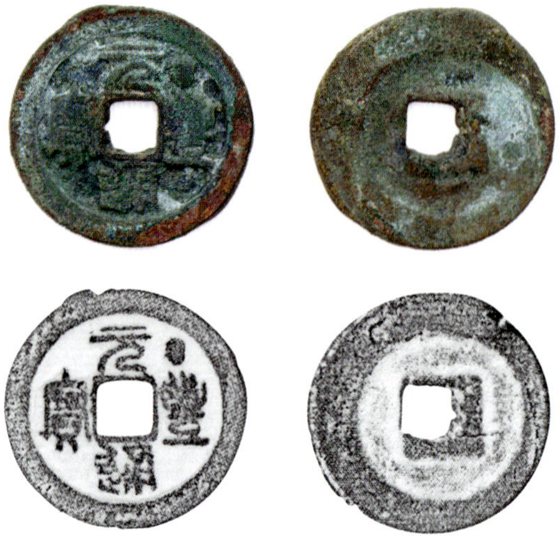

J1：225

径29.54毫米，厚1.88毫米，重7.65克。北宋元丰通宝，篆书折二，“丰”上长星或流铜，背无文。

24. 元祐通宝

北宋哲宗元祐年间（1086～1094年）铸造。大小二品。

小平钱。J1、J2分别有7202、3642枚，共10844枚。

钱文旋读。分篆书和行书。

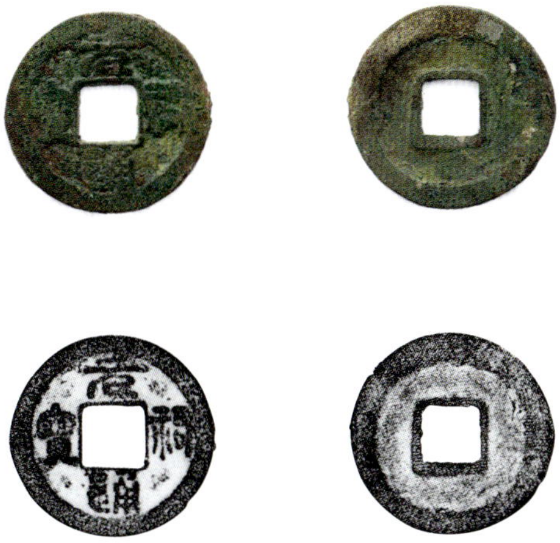

J1：267

径22.53毫米，厚1.10毫米，重2.67克。北宋元祐通宝，篆书小平，小径，背无文。

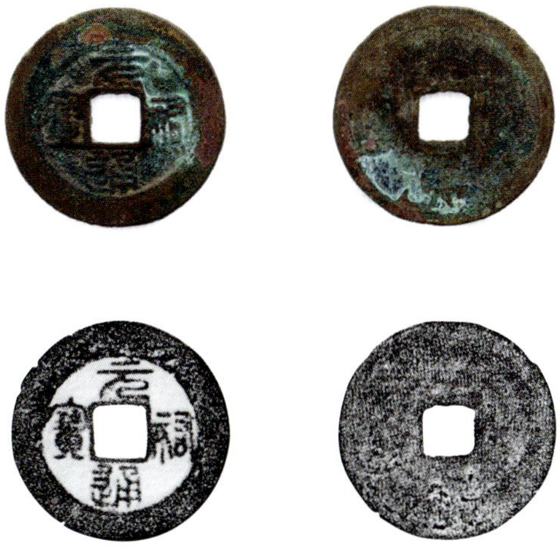

J1：259

径25.05毫米，厚1.24毫米，重3.97克。北宋元祐通宝，篆书小平，背无文。

J1：109

径23.10毫米，厚1.40毫米，重4.31克。北宋元祐通宝，篆书小平，背上星。

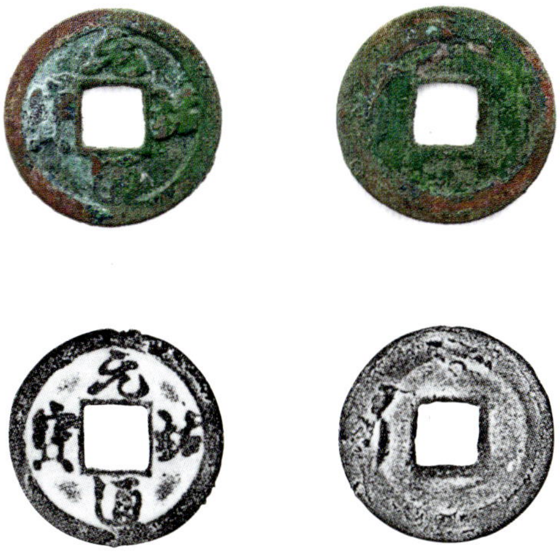

J1：258

径24.46毫米，厚1.45毫米，重3.95克。北宋元祐通宝，行书小平，粗字，背无文。

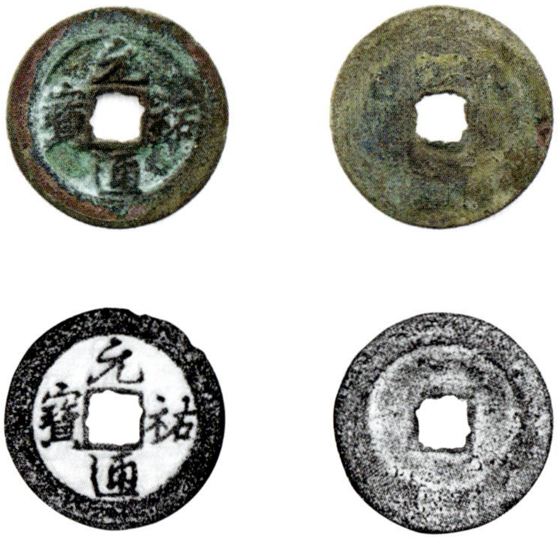

J1：260

径25.50毫米，厚1.44毫米，重4.43克。北宋元祐通宝，行书小平，细字，背无文。

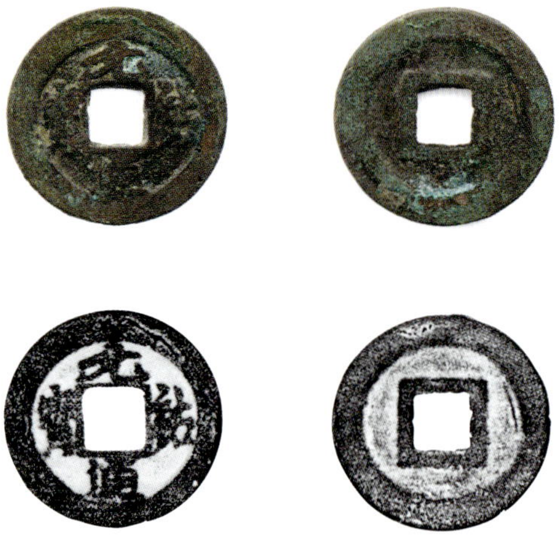

J1：261

径24.92毫米，厚1.38毫米，重3.79克。北宋元祐通宝，行书小平，大字，背无文。

J2：183

径25.11毫米，厚1.35毫米，重3.80克。北宋元祐通宝，行书小平，背上星。

折二钱。J1、J2 分别有 853、355 枚，共 1208 枚。钱文旋读。分篆书和行书。

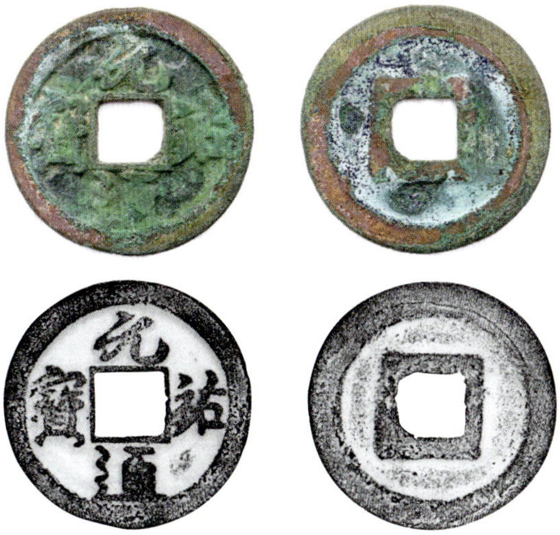

J1：341

径31.10毫米，厚1.87毫米，重7.80克。北宋元祐通宝，行书折二，大字，背无文。

J1：342

径28.35毫米，厚1.96毫米，重8.10克。北宋元祐通宝，行书折二，小字，背无文。

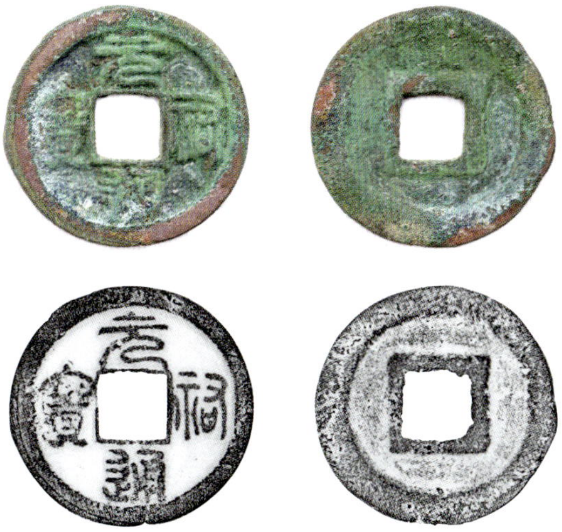

J1：343

径29.98毫米，厚1.80毫米，重7.70克。北宋元祐通宝，篆书折二，大字，背无文。

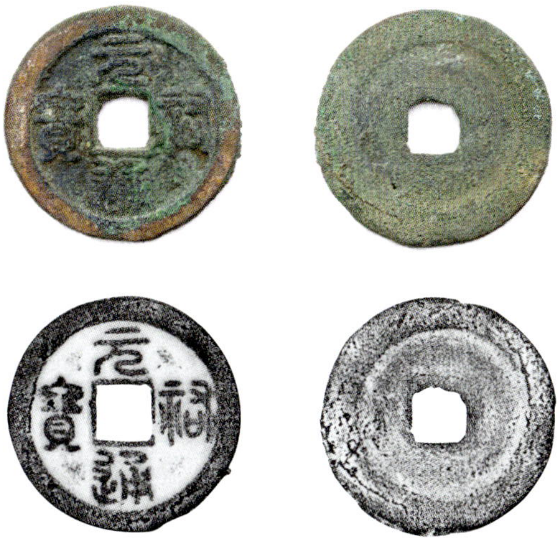

J1：344

径28.55毫米，厚2.00毫米，重8.70克。北宋元祐通宝，篆书折二，小字，背无文。

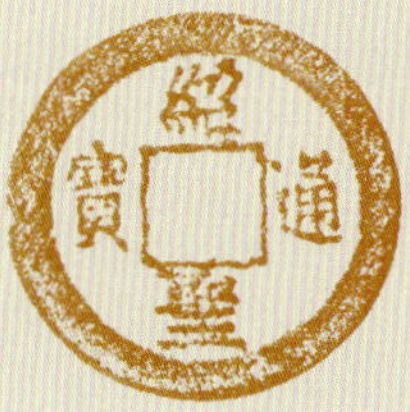

25. 绍圣通宝

J1、J2 分别有 1、2 枚，共 3 枚。

北宋哲宗绍圣年间（1094～1098 年）铸造。小平钱。钱文顺读。真书。背无文。

J1：7

径23.20毫米，厚1.60毫米，重3.83克。北宋绍圣通宝，真书小平，背无文。

26. 绍圣元宝

北宋哲宗绍圣年间（1094 ～ 1098 年）铸造。大小二品。

小平钱。J1、J2 分别有 2945、1280 枚，共 4225 枚。
钱文旋读，分篆书和行书。

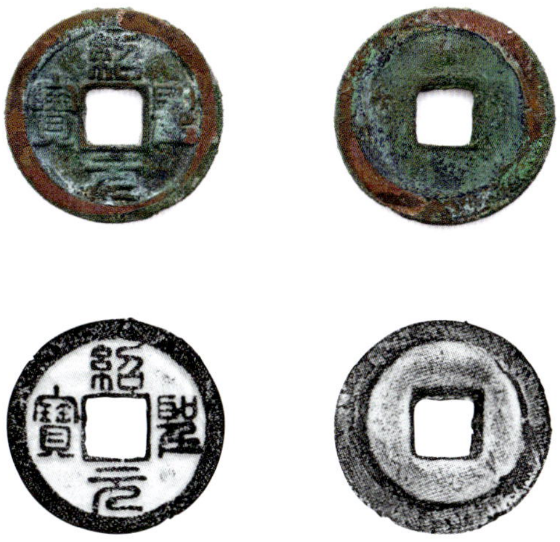

J1：239

径25.16毫米，厚1.35毫米，重3.91克。北宋绍圣元宝，篆书小平，大字，背无文。

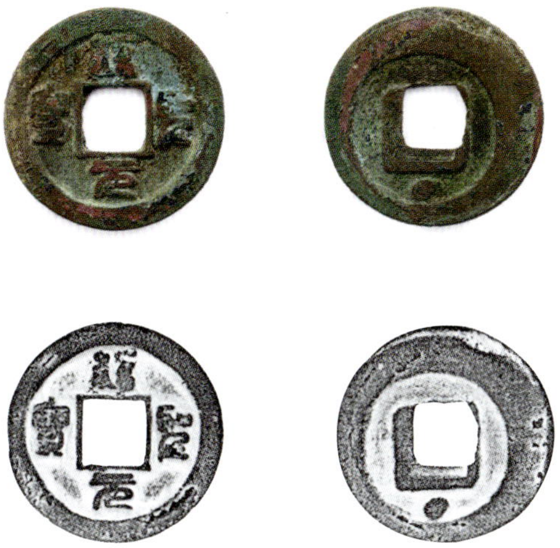

J2：89

径25.45毫米，厚1.53毫米，重4.40克。北宋绍圣元宝，篆书小平，背下星。

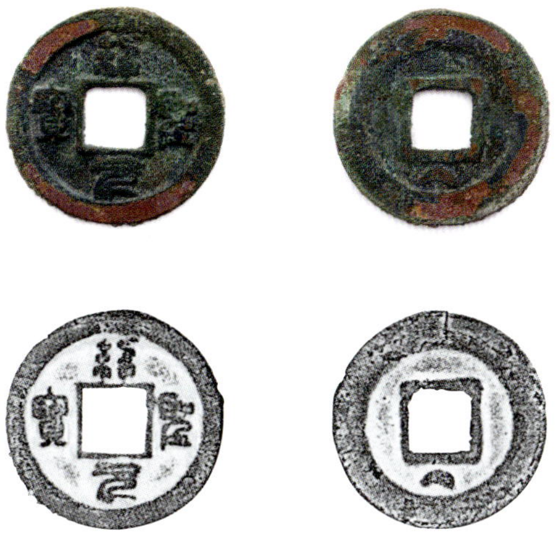

J2：92

径25.40毫米，厚1.43毫米，重4.18克。北宋绍圣元宝，篆书小平，背下月。

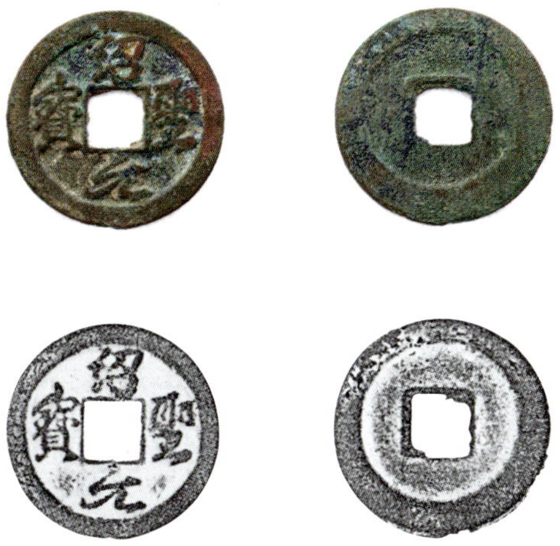

J2：91

径24.60毫米，厚1.31毫米，重3.56克。北宋绍圣元宝，行书小平，大字，背无文。

J1：251

径24.91毫米，厚1.40毫米，重3.72克。北宋绍圣元宝，行书小平，细字宽缘，背无文。

J1：101

径24.10毫米，厚1.55毫米，重4.38克。北宋绍圣元宝，行书小平，大字，背上星。

J2：94

径25.31毫米，厚1.55毫米，重4.56克。北宋绍圣元宝，行书小平，小字，背上星。

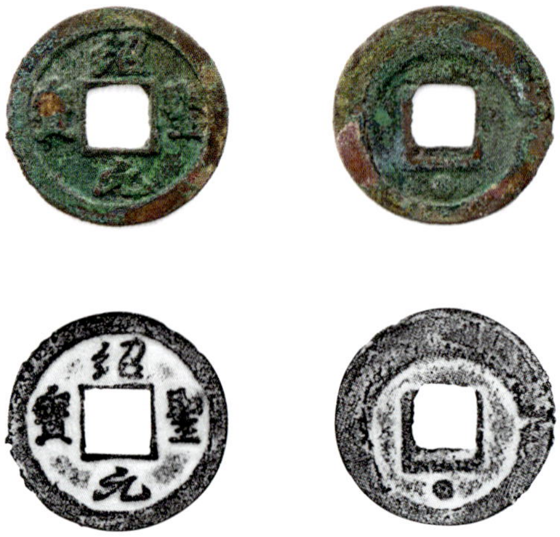

J1：51

径25.20毫米，厚1.55毫米，重4.26克。北宋绍圣元宝，行书小平，背下星。

J1：146

径25.50毫米，厚1.48毫米，重4.14克。北宋绍圣元宝，行书小平，背上月。

J2：93

径25.23毫米，厚1.50毫米，重4.23克。北宋绍圣元宝，行书小平，背下月。

J1：315

径24.35毫米，厚1.48毫米，重4.01克。北宋绍圣元宝，真书小平，行书异“元”，背无文。

折二钱。J1、J2 分别有 263、128 枚，共 391 枚。钱文旋读。分篆书和行书。

J1：253

径30.70毫米，厚1.66毫米，重7.65克。北宋绍圣元宝，篆书折二，背无文。

J1：301

径31.30毫米，厚1.71毫米，重7.70克。北宋绍圣元宝，行书折二，背无文。

27. 元符通宝

北宋哲宗元符年间（1098～1100年）铸造。大小二品。

小平钱。J1、J2分别有990、459枚，共1449枚。

钱文旋读。分篆书和行书。

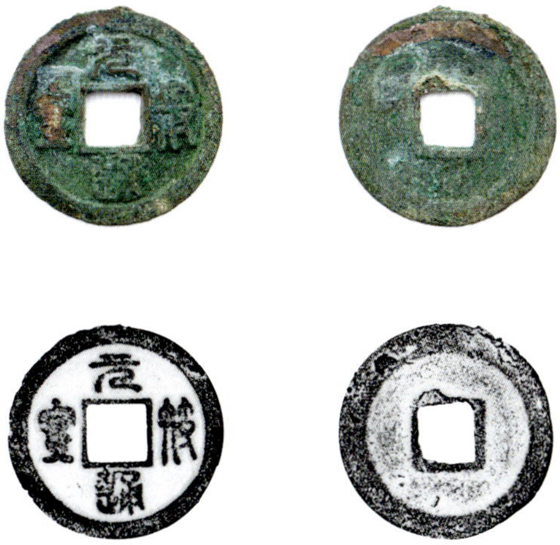

J1：304

径24.52毫米，厚1.62毫米，重4.10克。北宋元符通宝，篆书小平，小字，背无文。

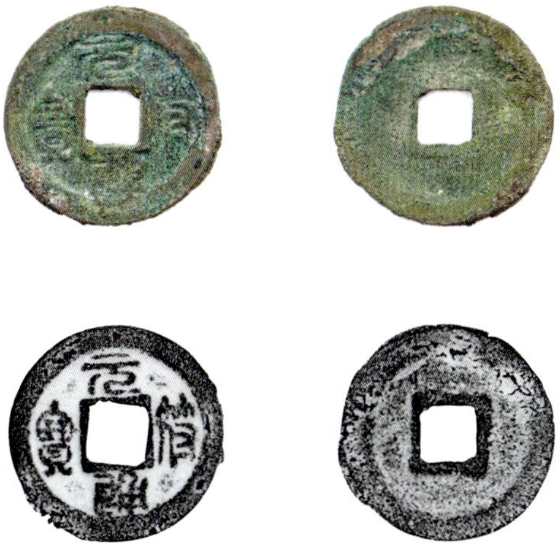

J1：311

径24.77毫米，厚1.38毫米，重4.00克。北宋元符通宝，篆书小平，大字，背无文。

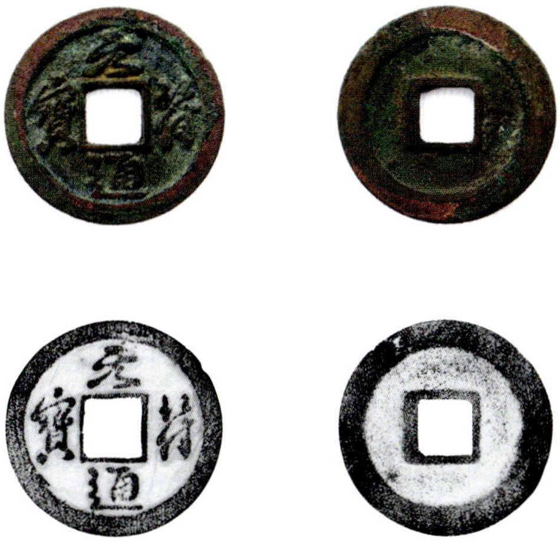

J1：209

径24.61毫米，厚1.53毫米，重4.46克。北宋元符通宝，行书小平，背无文。

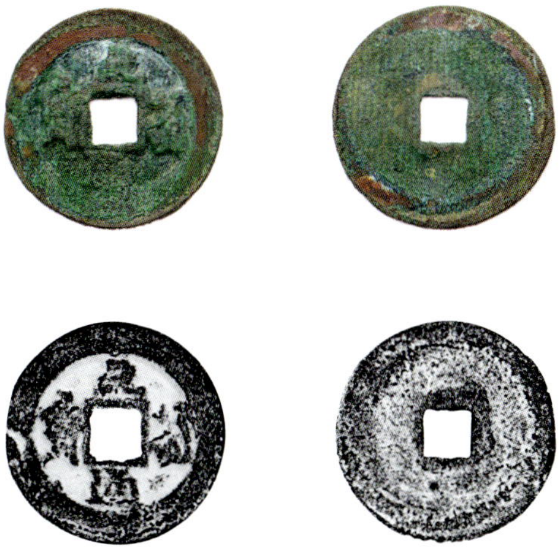

J1：369

径25.20毫米，厚1.10毫米，重3.43克。北宋元符通宝，行书小平，宽缘，背无文。

折二钱。J1、J2 分别有 149、41 枚，共 190 枚。钱文旋读。分篆书和行书。

J2：182
径31.28毫米，厚1.77毫米，重8.20克。北宋元符通宝，篆书折二，背无文。

J1：310
径30.85毫米，厚1.77毫米，重7.50克。北宋元符通宝，行书折二，背无文。

28. 圣宋元宝

北宋徽宗建中靖国元年（1101 年）铸造。大小二品。

小平钱。J1、J2 分别有 2349、1112 枚，共 3461 枚。
钱文旋读。分篆书和行书。

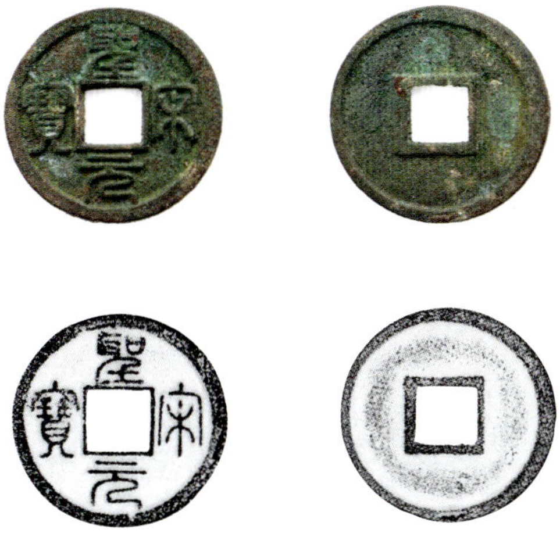

J1：71

径25.00毫米，厚1.80毫米，重4.14克。北宋圣宋元宝，篆书小平，大字广穿，背广郭、无文。

J1：268

径24.81毫米，厚1.20毫米，重3.43克。北宋圣宋元宝，篆书小平，细字，背无文。

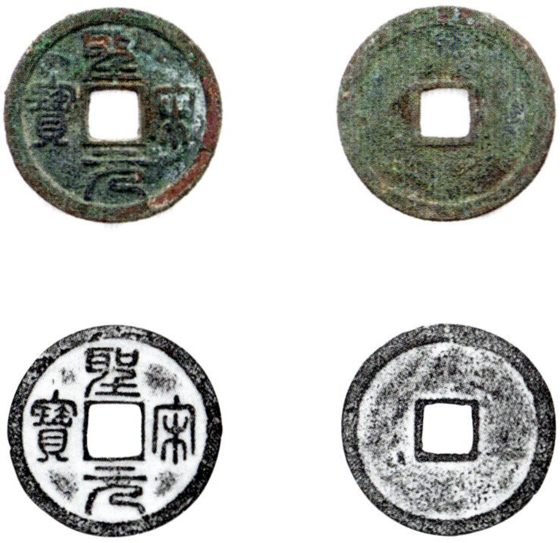

J1：5

径24.50毫米，厚1.45毫米，重3.23克。北宋圣宋元宝，篆书小平，大字狭穿，背无文。

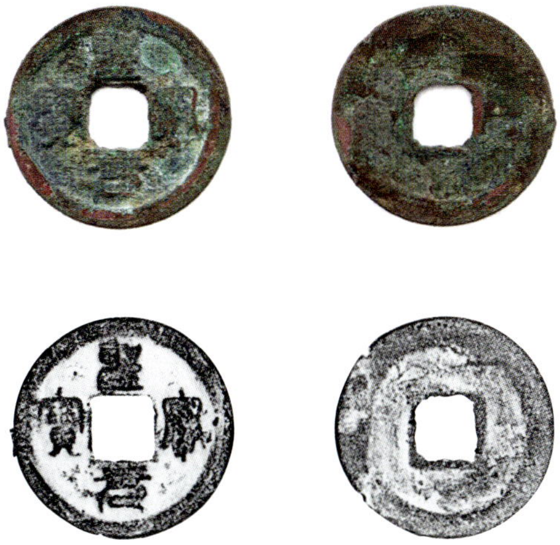

J2：189

径25.89毫米，厚1.58毫米，重4.70克。北宋圣宋元宝，篆书小平，中冠“宝”，背无文。

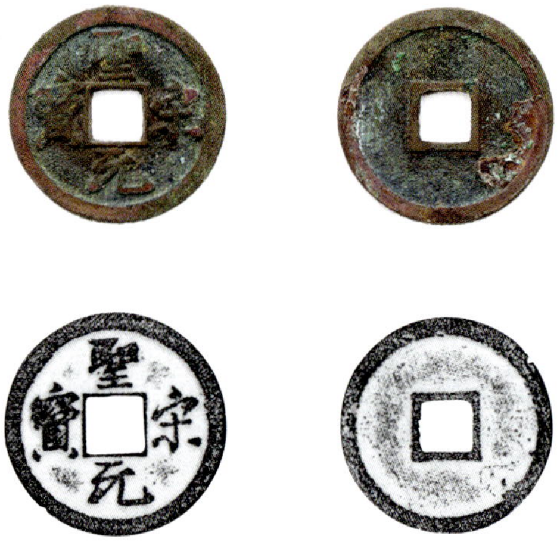

J1：11

径24.35毫米，厚1.50毫米，重3.84克。北宋圣宋元宝，行书小平，美制，背无文。

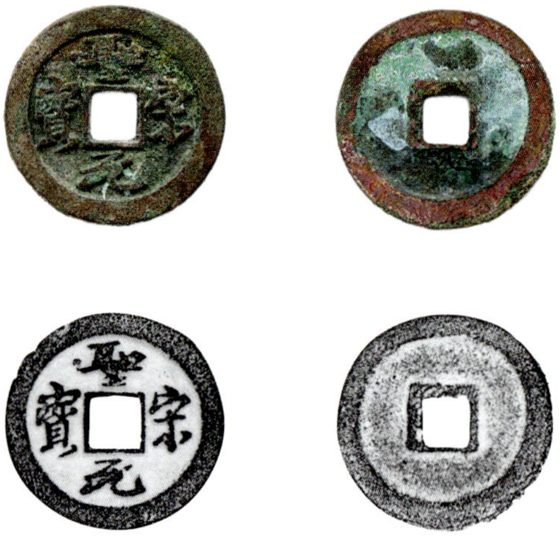

J1：77

径24.90毫米，厚1.60毫米，重4.56克。北宋圣宋元宝，行书小平，背无文。

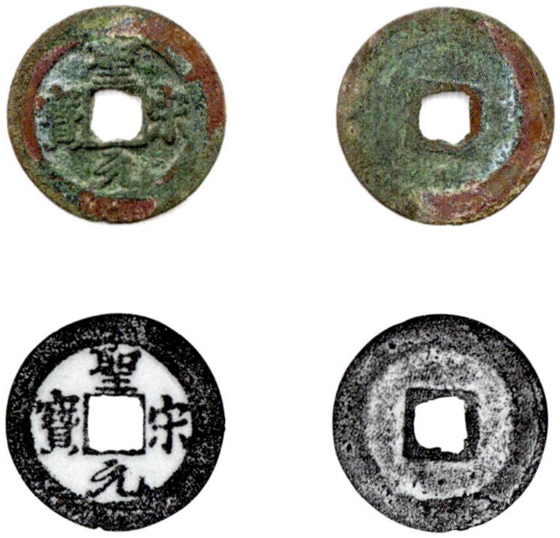

J1：240

径25.08毫米，厚1.25毫米，重3.73克。北宋圣宋元宝，行书小平，阔缘大字，背无文。

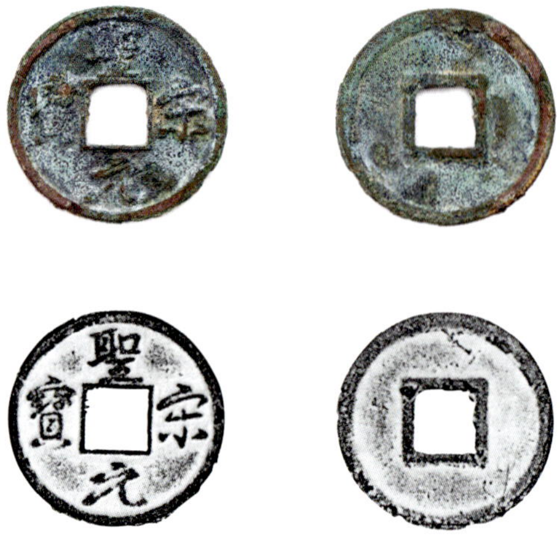

J2：186

径24.93毫米，厚1.52毫米，重3.50克。北宋圣宋元宝，行书小平，结“圣”，背无文。

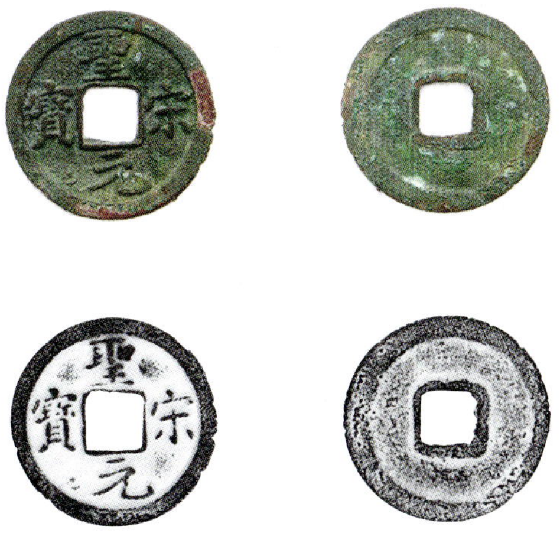

J1：314

径23.70毫米，厚1.30毫米，重2.40克。北宋圣宋元宝，行书小平，直“宋”，背无文。

J1：222

径26.03毫米，厚1.09毫米，重2.73克。北宋圣宋元宝，行书小平，圆珠“元”，背无文。

J1：224

径26.92毫米，厚1.55毫米，重4.84克。北宋圣宋元宝，行书小平大样，背无文。

折二钱。J1、J2 分别有 563、226 枚，共 789 枚。钱文旋读。分篆书和行书。

J1：252

径30.22毫米，厚1.78毫米，重8.36克。北宋圣宋元宝，篆书折二，背无文。

J1：112

径30.25毫米，厚2.10毫米，重8.80克。北宋圣宋元宝，行书折二，背无文。

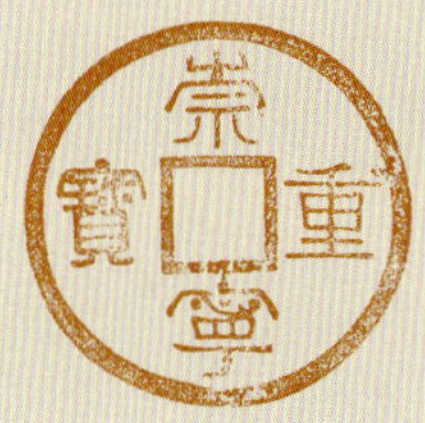

29. 崇宁重宝

J1、J2 分别有 2068、792 枚，共 2860 枚。

北宋徽宗崇宁年间（1102 ～ 1106 年）铸造。钱文顺读。隶书。折十钱。

J1：379

径27.46毫米，厚1.04毫米，重2.73克。北宋崇宁重宝，隶书折十，边炉铸，背无文。

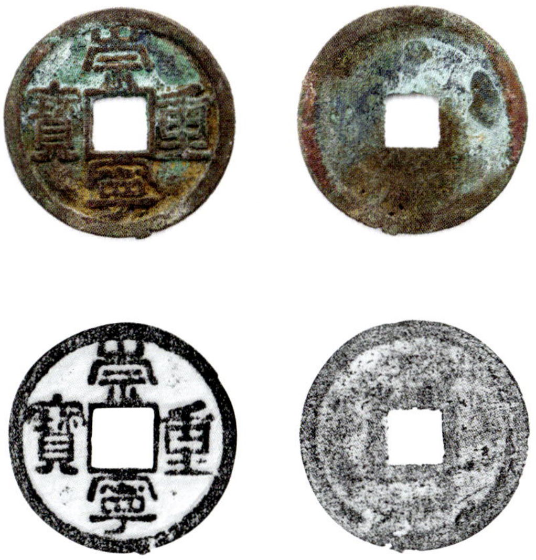

J1：140

径29.50毫米，厚1.38毫米，重4.77克。北宋崇宁重宝，隶书折十，私铸或铁式铜，背无文。

J1：328

径36.14毫米，厚2.17毫米，重11.21克。北宋崇宁重宝，隶书折十，大径纤字，背无文。

◘ J1：325

径33.20毫米，厚2.05毫米，重9.02克。北宋崇宁重宝，隶书折十，小径纤字，背无文。

◘ J1：323

径35.23毫米，厚2.15毫米，重10.64克。北宋崇宁重宝，隶书折十，大字宽缘，背无文。

◘ J1：327

径35.70毫米，厚2.38毫米，重10.62克。北宋崇宁重宝，隶书折十，大字美制，背无文。

◘ J1：363

径35.85毫米，厚2.55毫米，重10.63克。北宋崇宁重宝，隶书折十，小字广郭，背无文。

30. 崇宁通宝

北宋徽宗崇宁年间（1102～1106 年）铸造。大小三品。

小平钱。J1 有 1 枚，J2 无，共 1 枚。钱文旋读。

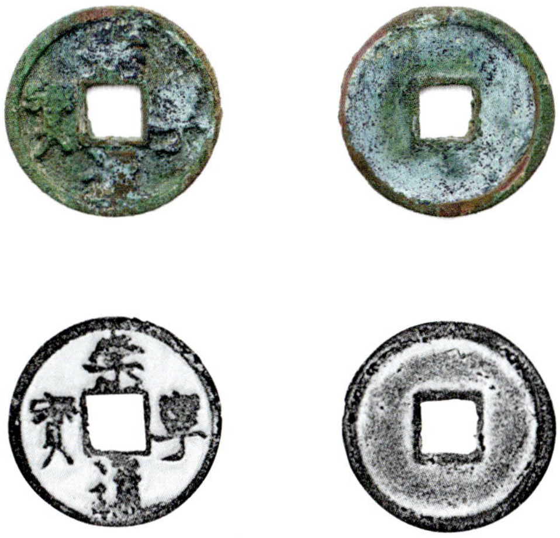

J2：193

径24.43毫米，厚1.74毫米，重3.70克。北宋崇宁通宝，真书小平，背无文。

私铸或铁范铜折三钱。J1、J2 分别有 3、2 枚，共 5 枚。钱文旋读。

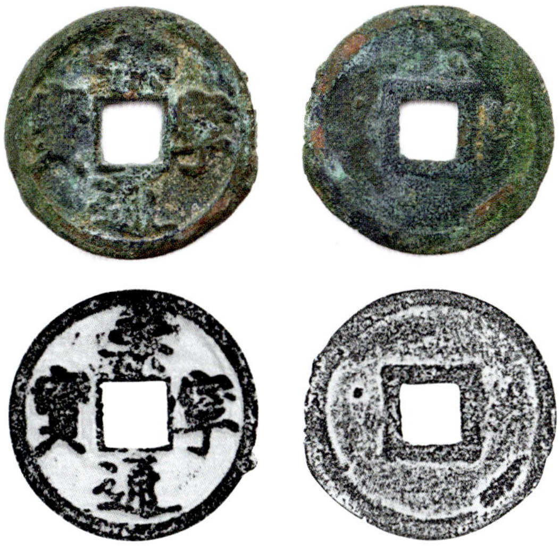

J2：64

径31.85毫米，厚1.68毫米，重6.69克。北宋崇宁通宝，真书折三，私铸或铁范铜，背无文。

折十钱。J1、J2 分别有 888、376 枚，共 1264 枚。钱文旋读，字体有别。

J1：330

径35.01毫米，厚2.67毫米，重11.80克。北宋崇宁通宝，真书折十，小字，背无文。

J1：331

径35.20毫米，厚2.78毫米，重11.41克。北宋崇宁通宝，真书折十，正字，背无文。

J1：332

径35.46毫米，厚2.51毫米，重10.20克。北宋崇宁通宝，真书折十，宽字，背无文。

J1：362

径35.25毫米，厚2.68毫米，重11.50克。北宋崇宁通宝，真书折十，遒劲长尾“通”，背无文。

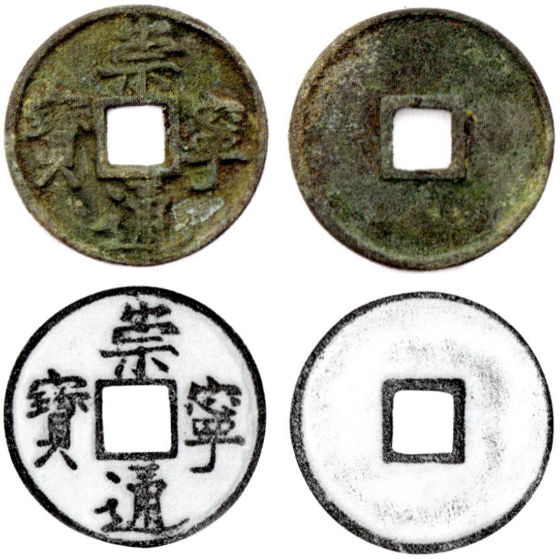

J1：329

径34.55毫米，厚2.59毫米，重11.92克。北宋崇宁通宝，真书折十，异体，背无文。

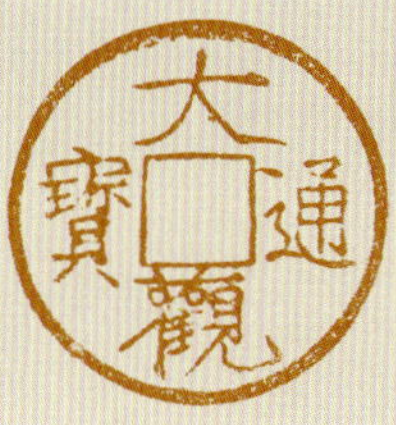

31. 大观通宝

北宋徽宗大观年间（1107～1110年）铸造。大小三品。

小平钱。J1、J2分别有840、409枚，共1249枚。钱文顺读。瘦金体。

J1：129

径24.20毫米，厚1.95毫米，重4.13克。北宋大观通宝，瘦金体小平，斜长“通”，背无文。

J1：303

径25.05毫米，厚1.80毫米，重4.30克。北宋大观通宝，瘦金体小平，大字广草“观”，背无文。

折二钱。J1 有 1 枚，J2 无，共 1 枚。钱文顺读。瘦金体。

J1：334

径29.65毫米，厚2.43毫米，重8.20克。北宋大观通宝，瘦金体折二，背无文。

折十钱。J1、J2 分别有 3、2 枚，共 5 枚。钱文顺读。瘦金体。

J1：340

径41.53毫米，厚2.13毫米，重12.72克。北宋大观通宝，瘦金体折十，背平素。

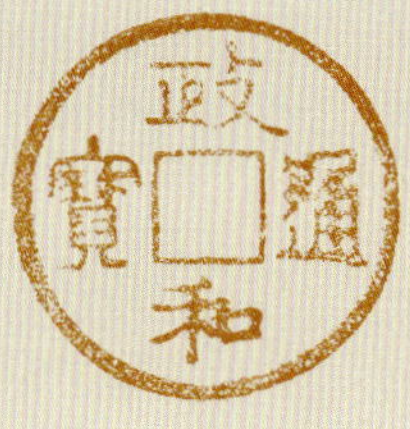

32. 政和通宝

北宋徽宗政和年间（1111 ～ 1118 年）铸造。大小二品。

小平钱。J1、J2 分别有 2212、1063 枚，共 3275 枚。
钱文顺读。分篆书和隶书。

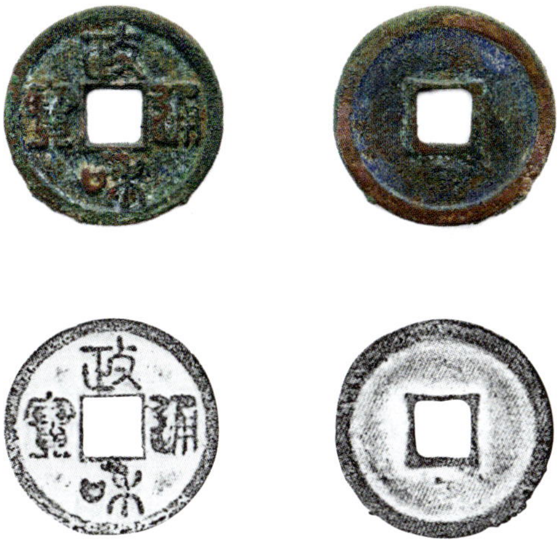

J2：3
径25.10毫米，厚1.53毫米，重4.08克。北宋政和通宝，篆书小平，背反郭决纹。

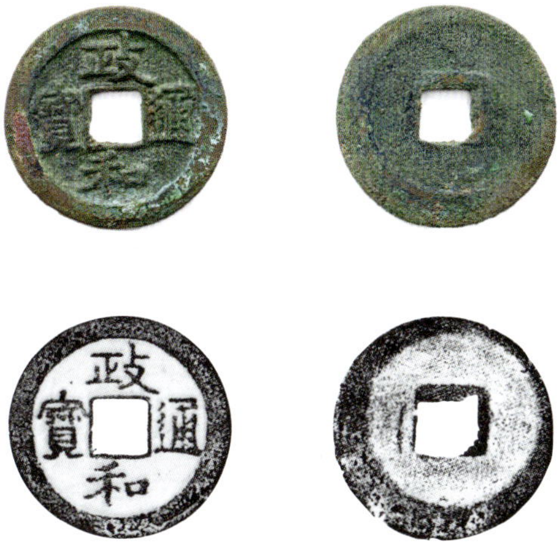

J1：277
径25.43毫米，厚1.66毫米，重5.01克。北宋政和通宝，隶书小平，宽缘，背无文。

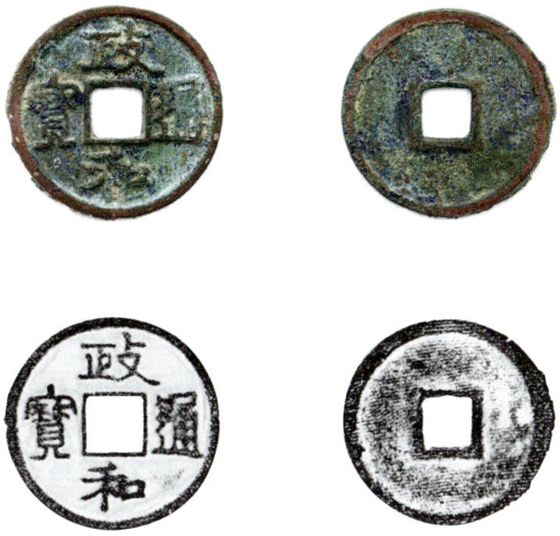

J2：22
径24.22毫米，厚1.77毫米，重4.17克。北宋政和通宝，隶书小平，窄缘，背无文。

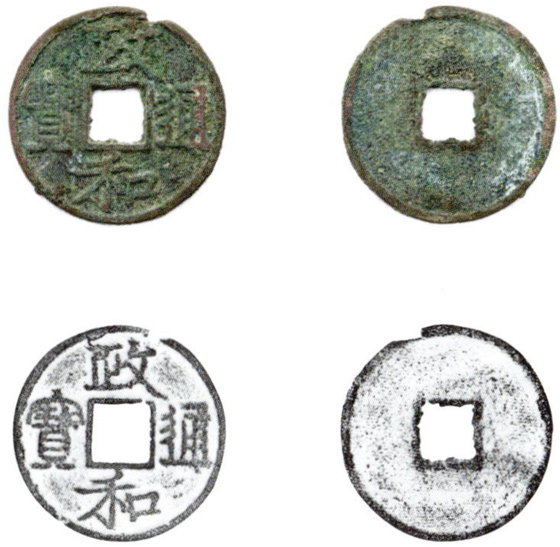

J1：291
径24.45毫米，厚1.21毫米，重3.00克。北宋政和通宝，隶书小平，大字文“政”，背无文。

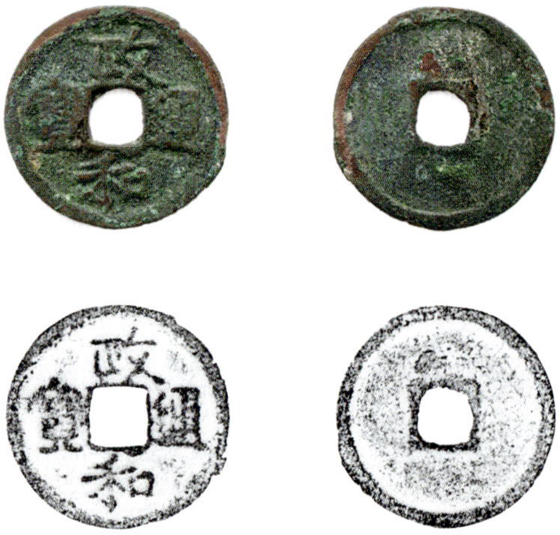

J1：219

径25.70毫米，厚1.28毫米，重3.56克。北宋政和通宝，隶书小平，文“政”或私铸，背无文。

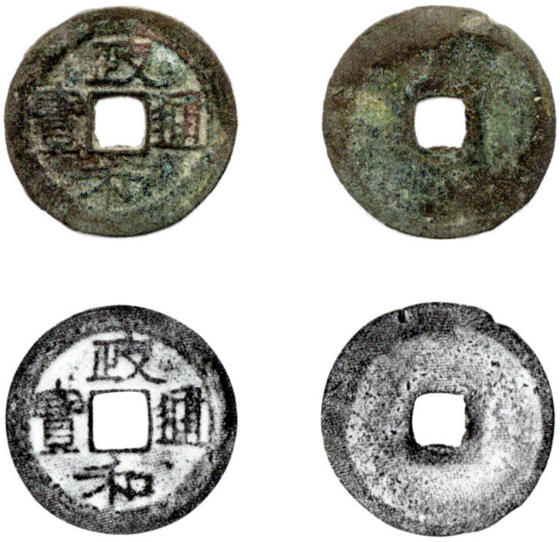

J1：292

径27.54毫米，厚1.12毫米，重4.10克。北宋政和通宝，隶书重和样（折二型），背无文。

折二钱。J1、J2 分别有 982、446 枚，共 1428 枚。钱文顺读。分篆书和隶书。

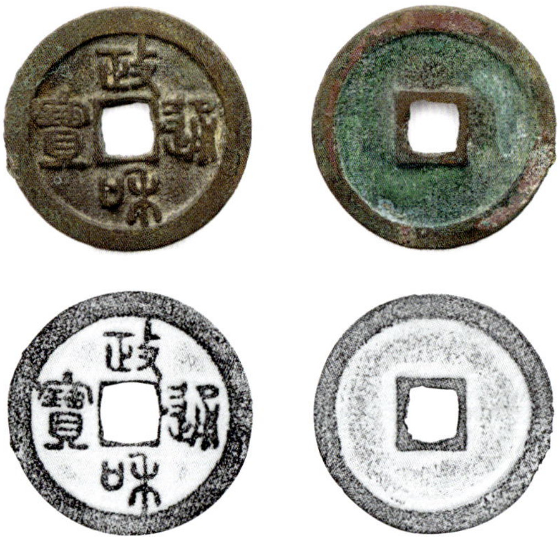

J1：206

径29.95毫米，厚1.99毫米，重8.35克。北宋政和通宝，篆书折二，背无文。

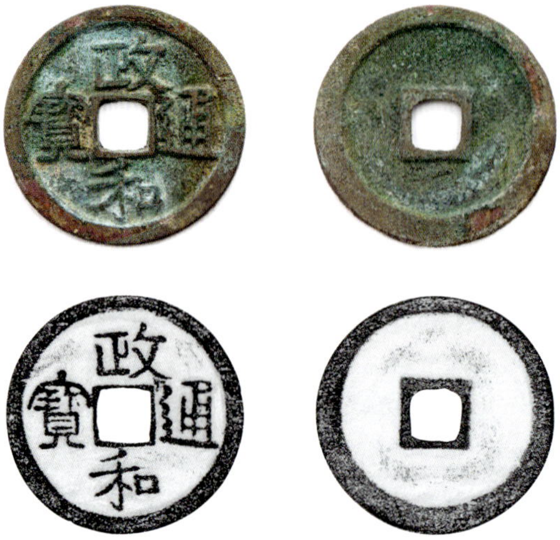

J1：113

径29.60毫米，厚2.15毫米，重8.13克。北宋政和通宝，隶书折二，背无文。

33. 宣和元宝

J1 有 2 枚，J2 无，共 2 枚。

北宋徽宗宣和年间（1119 ～ 1125 年）铸造。小平钱。钱文旋读。分篆书和隶书。

J1：336

径23.95毫米，厚1.84毫米，重4.40克。北宋宣和元宝，篆书小平，背无文。

J2：125

径21.75毫米，厚1.23毫米，重2.51克。宣和元宝，篆书小平，私铸或越南钱，背无文。

34. 宣和通宝

北宋徽宗宣和年间（1119～1125年）铸造。大小二品。

小平钱。J1、J2分别有172、77枚，共249枚。
钱文顺读。分篆书和隶书。

J1：42

径24.70毫米，厚1.50毫米，重3.78克。北宋宣和通宝，篆书小平，广穿，长“通”“宝”，背无文。

J2：76

径25.29毫米，厚1.60毫米，重4.09克。北宋宣和通宝，篆书小平，背无文。

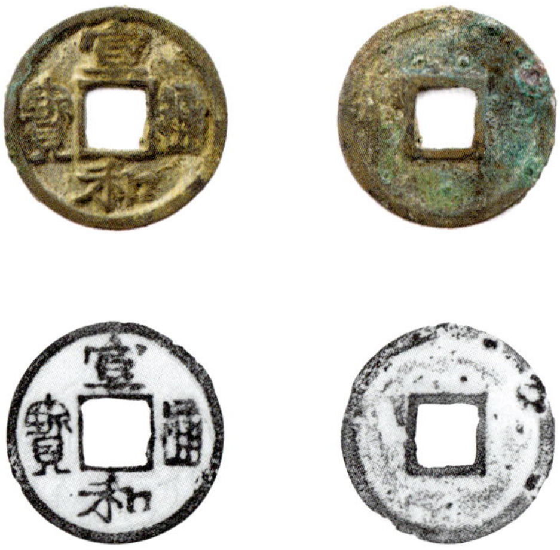

J1：41

径24.90毫米，厚1.60毫米，重4.26克。北宋宣和通宝，隶书小平，真“宣”，广穿，背无文。

J1：307

径25.56毫米，厚1.40毫米，重3.60克。北宋宣和通宝，隶书小平，大字，背无文。

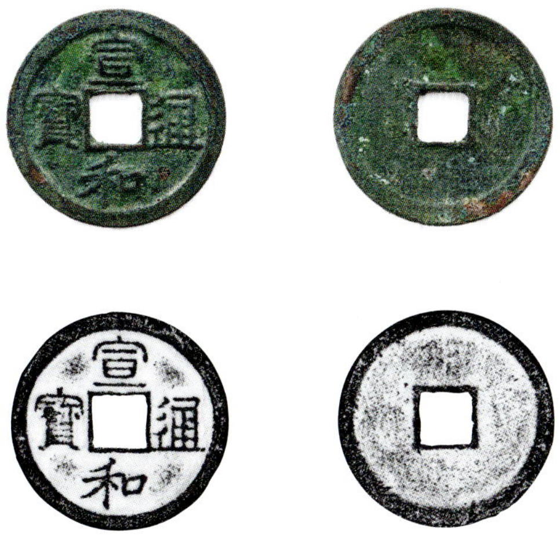

J1：283

径25.14毫米，厚1.43毫米，重3.70克。北宋宣和通宝，隶书小平，分足“宝”，背无文。

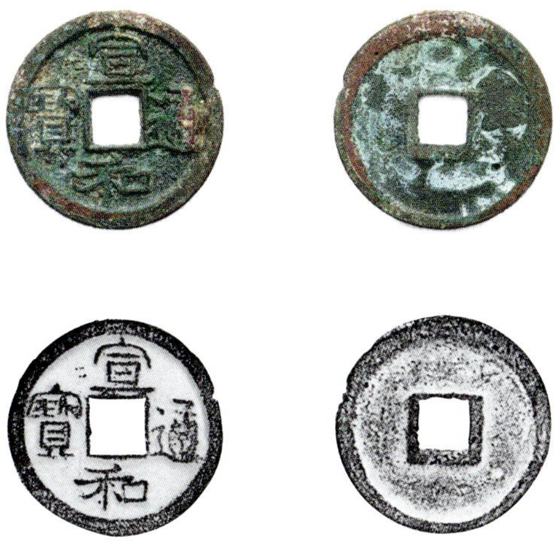

J1：357

径24.82毫米，厚1.68毫米，重4.50克。北宋宣和通宝，隶书小平，楷“通”，背无文。

折二钱。J1、J2 分别有 1172、489 枚，共 1661 枚。钱文顺读。分篆书和隶书。

J1：14

径30.15毫米，厚1.95毫米，重7.73克。北宋宣和通宝，篆书折二，小字宽缘，背无文。

J2：75

径30.10毫米，厚2.13毫米，重8.08克。北宋宣和通宝，篆书折二，大径，背无文。

◘ J2：180

径28.40毫米，厚2.10毫米，重7.20克。北宋宣和通宝，篆书折二，小径，背无文。

◘ J1：279

径31.26毫米，厚1.68毫米，重7.07克。北宋宣和通宝，隶书折二，大径，背无文。

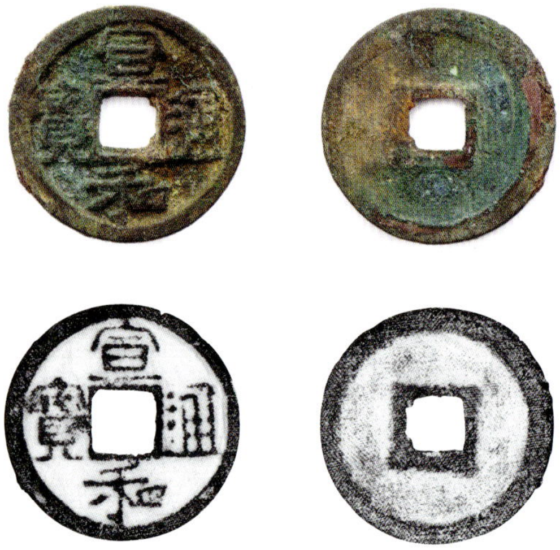

◘ J1：280

径28.09毫米，厚1.92毫米，重6.10克。北宋宣和通宝，隶书折二，小径，背无文。

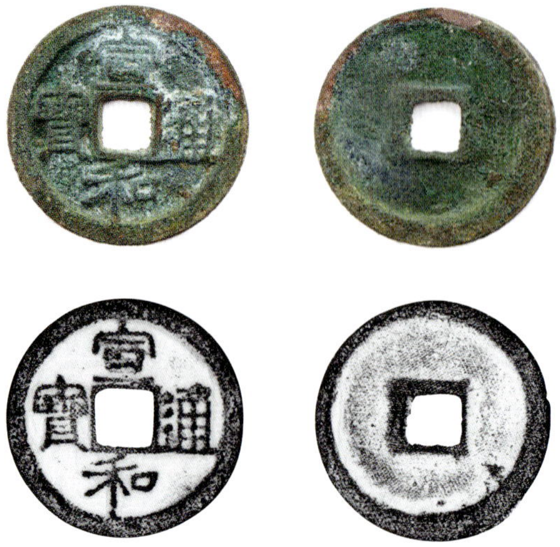

◘ J1：281

径29.35毫米，厚2.03毫米，重7.91克。北宋宣和通宝，隶书折二，分足“宝”，背无文。

35. 靖康元宝

J1 有 1 枚，J2 无，共 1 枚。

北宋钦宗靖康年间（1126 ～ 1127 年）铸造。折二钱。钱文旋读。篆书。

J1：365

径31.75毫米，厚1.65毫米，重6.80克。北宋靖康元宝，篆书折二，背无文。

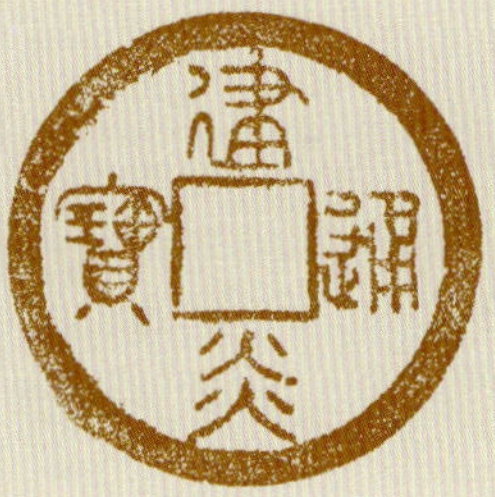

二、南宋铜钱（6个品种）

1. 建炎通宝

南宋高宗建炎年间（1127～1130年）铸造。大小二品。

小平钱。J1、J2分别有3、5枚，共8枚。
钱文顺读。分篆书和真书。

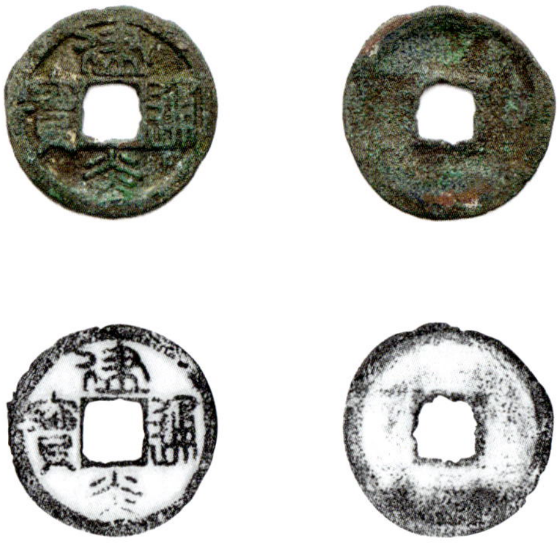

J1：360
径23.90毫米，厚1.87毫米，重3.60克。南宋建炎通宝，篆书小平，背无文。

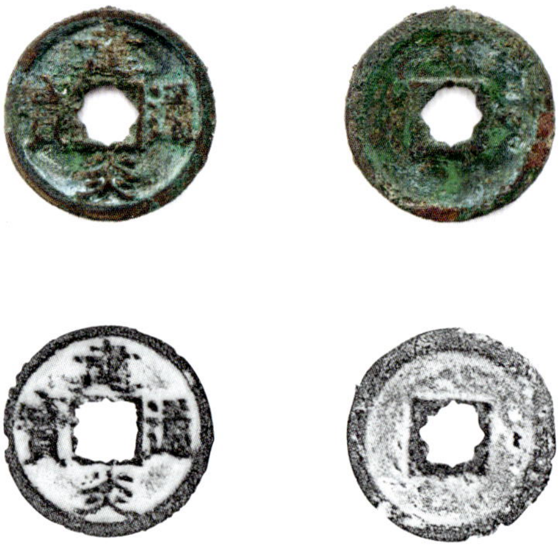

J1：135
径23.50毫米，厚1.65毫米，重3.86克。南宋建炎通宝，真书小平，背无文。

折二钱。J1、J2分别有327、84枚，共411枚。钱文顺读。分篆书和真书，钱径有别。

J1：254
径30.50毫米，厚1.82毫米，重7.87克。南宋建炎通宝，篆书折二，大径，背无文。

J2：83

径28.59毫米，厚2.04毫米，重7.59克。南宋建炎通宝，篆书折二，小径，背无文。

J1：264

径30.36毫米，厚1.97毫米，重8.75克。南宋建炎通宝，篆书折二，小字，背无文。

J1：255

径29.23毫米，厚1.95毫米，重8.10克。南宋建炎通宝，真书折二，背无文。

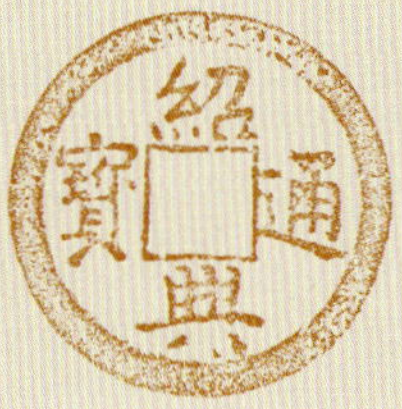

2. 绍兴通宝

J1、J2 分别有 93、33 枚，共 126 枚。

南宋高宗绍兴年间（1131 ~ 1162 年）铸造。折二钱。钱文顺读，真书，钱径大小有别。

J2：99

径30.76毫米，厚1.21毫米，重5.50克。南宋绍兴通宝，真书折二，大径，背无文。

J2：6

径28.80毫米，厚1.92毫米，重7.16克。南宋绍兴通宝，真书折二，小径，背无文。

3. 绍兴元宝

J1、J2 分别有 402、153 枚，共 555 枚。

南宋高宗绍兴年间（1131 ～ 1162 年）铸造。折二钱。钱文旋读。分篆书和真书。

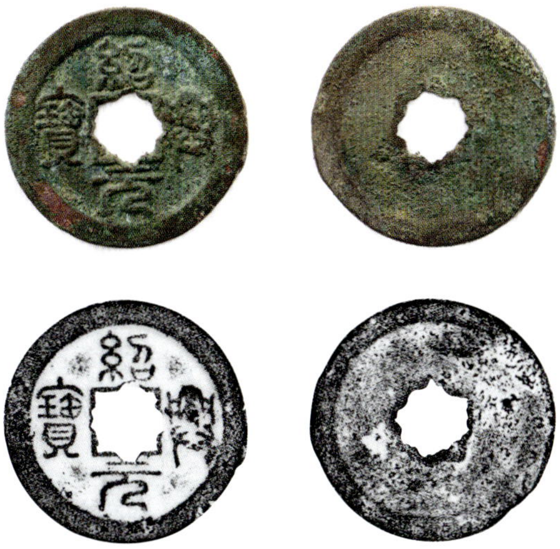

J1：265

径29.70毫米，厚1.69毫米，重6.93克。南宋绍兴元宝，篆书折二，花穿，背无文。

J1：89

径29.30毫米，厚1.80毫米，重7.12克。南宋绍兴元宝，篆书折二，背上月、下星。

J2：52

径30.01毫米，厚1.95毫米，重8.04克。南宋绍兴元宝，真书折二，背无文。

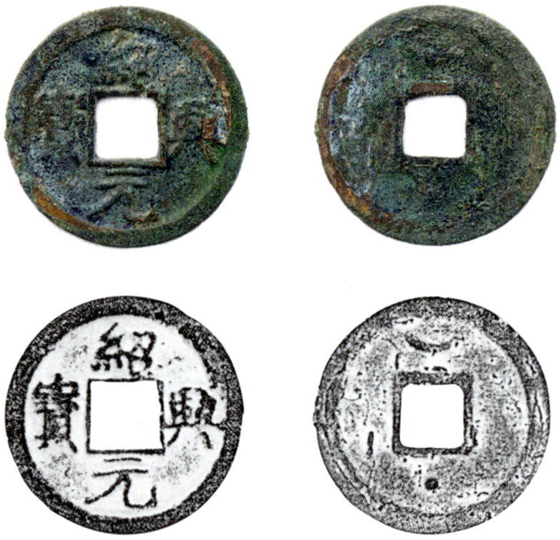

J2：5

径29.20毫米，厚1.75毫米，重6.10克。南宋绍兴元宝，真书折二，背上月、下星。

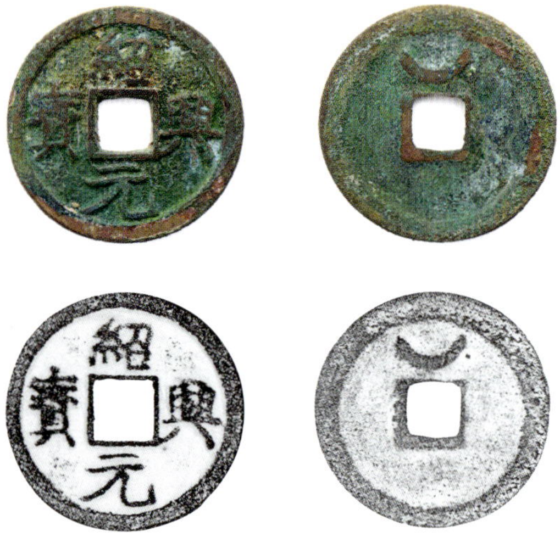

J1：66

径28.90毫米，厚1.65毫米，重6.00克。南宋绍兴元宝，真书折二，背上巨月。

J1：120

径29.80毫米，厚1.85毫米，重7.51克。南宋绍兴元宝，真书折二，开裆“元”，背上月、下星。

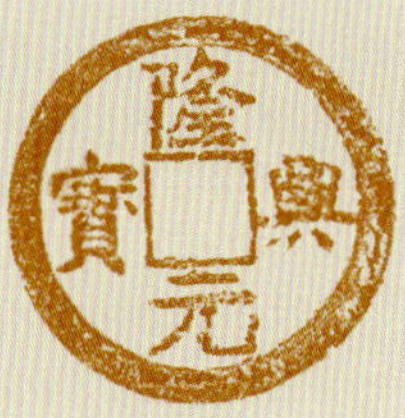

4. 隆兴元宝

J1、J2 分别有 5、2 枚，共 7 枚。

南宋孝宗隆兴年间（1163 ～ 1164 年）铸造。折二钱。钱文旋读。分篆书和真书。

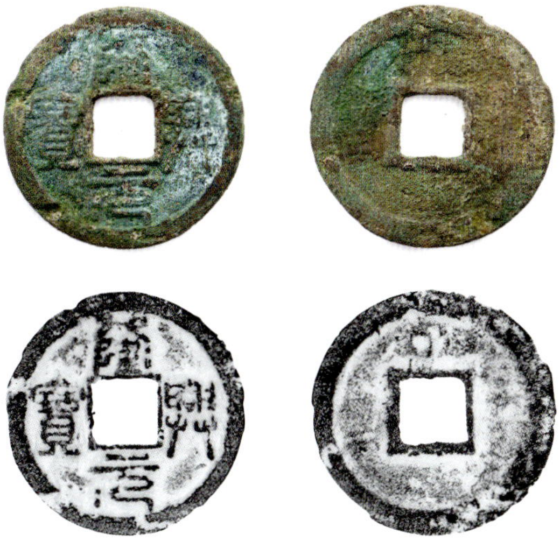

J1：234

径30.13毫米，厚1.52毫米，重5.73克。南宋隆兴元宝，篆书折二，宽“隆”，背无文。

J2：103

径29.45毫米，厚1.91毫米，重6.70克。南宋隆兴元宝，篆书折二，窄“隆”，背无文。

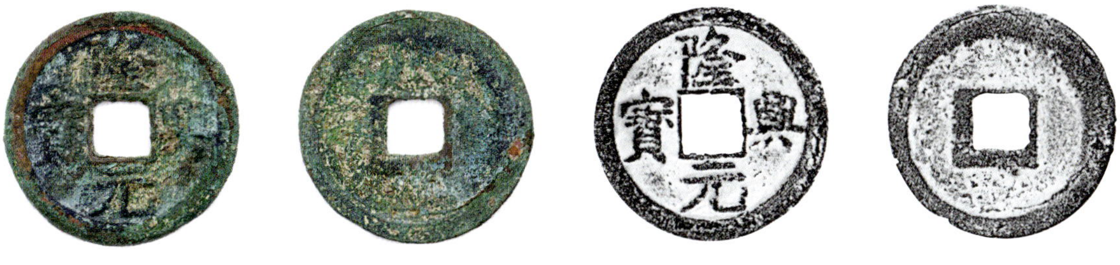

J2：15

径30.56毫米，厚1.73毫米，重7.17克。南宋隆兴元宝，真书折二，背无文。

5. 乾道元宝

J1、J2 分别有 21、13 枚，共 34 枚。

南宋孝宗乾道年间（1165 ～ 1173 年）铸造。折二钱。钱文旋读。分篆书和真书。

J2：27

径29.60毫米，厚2.17毫米，重7.65克。南宋乾道元宝，篆书折二，大径，背无文。

J1：62

径28.30毫米，厚1.5毫米，重5.56克。南宋乾道元宝，篆书折二，小径，背无文。

J2：63

径28.61毫米，厚1.59毫米，重6.26克。南宋乾道元宝，篆书折二，细字，背无文。

J1：65

径28.70毫米，厚1.90毫米，重7.43克。南宋乾道元宝，篆书折二，背上月、下星。

◘ J1：233

径27.96毫米，厚1.74毫米，重6.45克。南宋乾道元宝，真书折二，背无文。

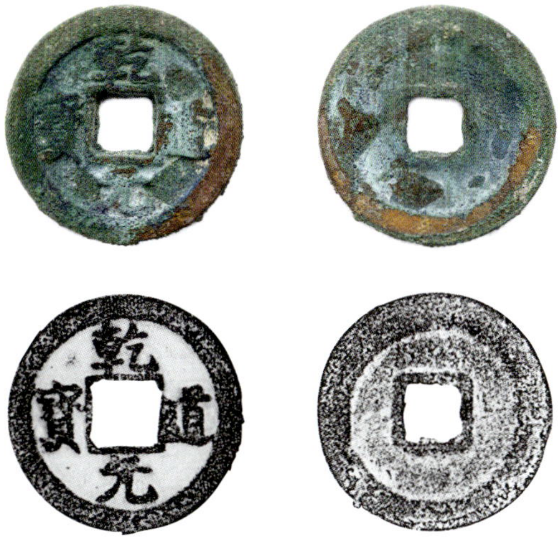

◘ J2：7

径28.77毫米，厚2.05毫米，重8.31克。南宋乾道元宝，真书折二，“元”第二横左挑，背无文。

◘ J1：80

径28.50毫米，厚1.90毫米，重6.85克。南宋乾道元宝，真书折二，背上月、下星。

6. 淳熙元宝

J1、J2 分别有 14、7 枚，共 21 枚。

南宋孝宗淳熙年间（1174～1189 年）铸造。折二钱。钱文旋读。分篆书和真书。

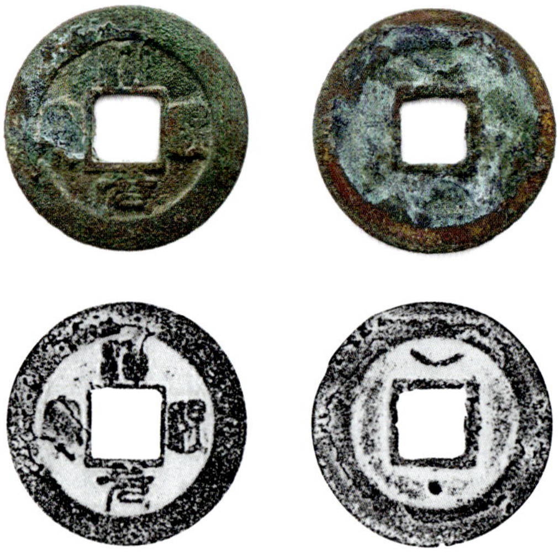

J2：115

径29.75毫米，厚1.78毫米，重7.21克。南宋淳熙元宝，篆书折二，小字阔缘，背上月、下星。

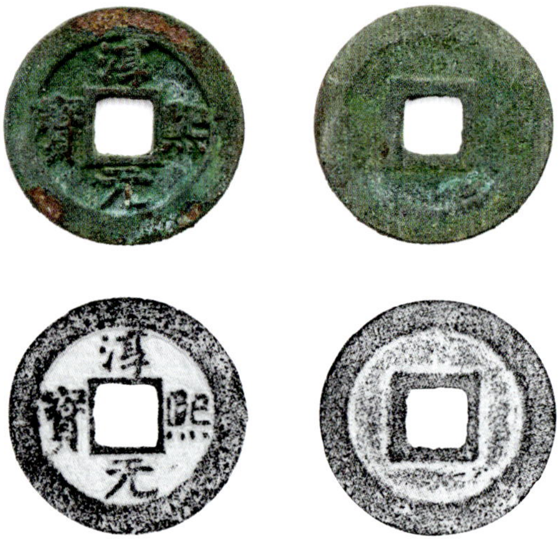

J1：156

径28.80毫米，厚1.82毫米，重7.51克。南宋淳熙元宝，真书折二，背无文。

J2：72

径29.30毫米，厚1.60毫米，重6.65克。南宋淳熙元宝，真书折二，小字，背上月、下星。

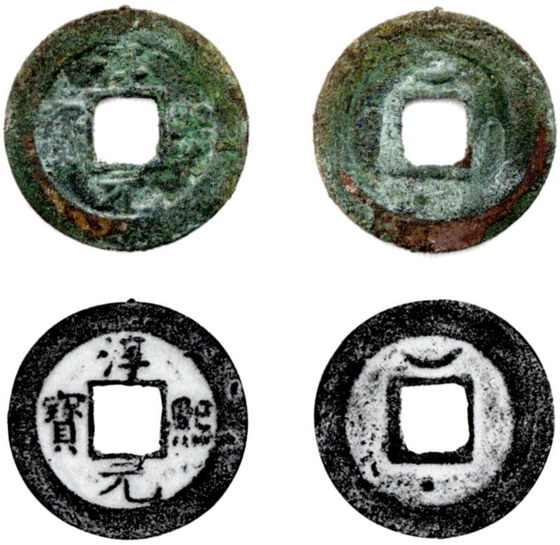

J1：232

径29.58毫米，厚1.73毫米，重7.24克。南宋淳熙元宝，真书折二，小字，背上月、下星。

J1：76

径30.45毫米，厚1.97毫米，重7.85克。南宋淳熙元宝，真书折二，大字，背上巨月、下星。

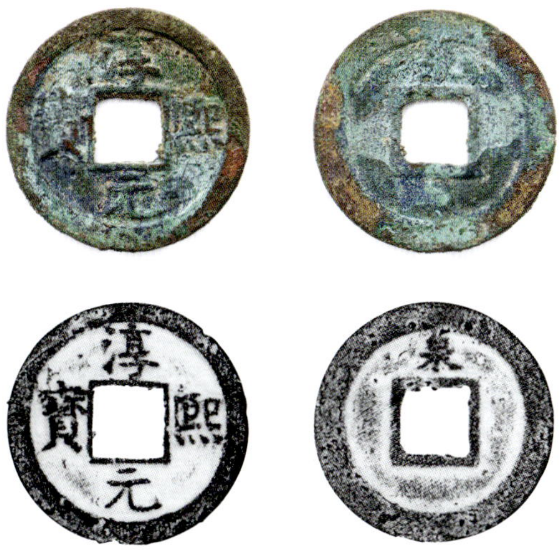

J1：2

径29.30毫米，厚1.82毫米，重5.88克。南宋淳熙元宝，真书折二，背小“泉”。

J1：72

径29.10毫米，厚1.70毫米，重6.16克。南宋淳熙元宝，真书折二，背大“泉”。

J2：82

径29.56毫米，厚1.93毫米，重7.59克。南宋淳熙元宝，真书折二，背“柒”。

◘ J1：155

径29.90毫米，厚1.82毫米，重6.90克。南宋淳熙元宝，真书折二，背“十”。

◘ J1：153

径29.51毫米，厚1.90毫米，重6.55克。南宋淳熙元宝，真书折二，背“十一”。

◘ J1：110

径29.30毫米，厚1.90毫米，重7.44克。南宋淳熙元宝，真书折二，背“十二”。

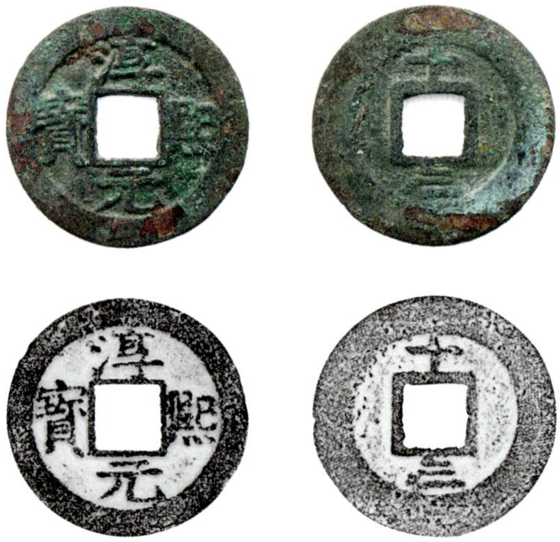

◘ J1：152

径29.50毫米，厚1.50毫米，重6.31克。南宋淳熙元宝，真书折二，背“十三”。

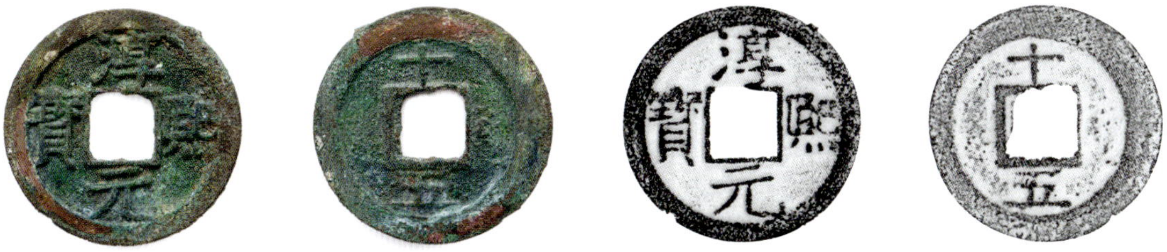

J1：151

径29.60毫米，厚1.70毫米，重6.81克。南宋淳熙元宝，真书折二，背“十五”。

辽金钱币

一、辽代铜钱（4 个品种）

1. 大康通宝

J1、J2 分别有 1、1 枚，共 2 枚。

辽道宗大康年间（1075 ～ 1084 年）铸造。钱文旋读。隶书。

J1：127

径23.50毫米，厚1.25毫米，重3.18克。辽大康通宝，隶书，背无文。

2. 大安元宝

J1、J2 分别有 1、1 枚，共 2 枚。

辽道宗大安年间（1085 ～ 1094 年）铸造。钱文旋读。隶楷相参。钱文“安”字不同。

J1：64

径23.50毫米，厚1.35毫米，重2.85克。辽大安元宝，隶楷相参，长“安”，背无文。

J2：120

径24.48毫米，厚1.24毫米，重3.24克。辽大安元宝，隶楷相参，短“安”，背无文。

3. 寿昌元宝

J1 有 1 枚，J2 无，共 1 枚。

辽道宗寿昌年间（1095 ～ 1101 年）铸造。钱文旋读。隶楷兼备。

J1：157

径24.80毫米，厚1.28毫米，重2.41克。辽寿昌元宝，隶楷兼备，背无文。

4. 乾统元宝

J1 有 1 枚，J2 无，共 1 枚。

辽天祚帝乾统年间（1101 ～ 1110 年）铸造。钱文旋读。隶书。

J1：227

径23.79毫米，厚1.17毫米，重2.80克。辽乾统元宝，隶书，背无文。

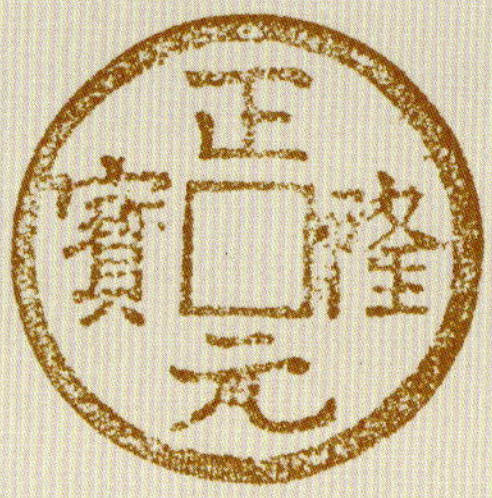

二、金代钱币（2个品种）

1. 正隆元宝

J1、J2 分别有 520、252 枚，共 772 枚。

金海陵王正隆年间（1156～1160 年）铸造。钱文旋读。真书。

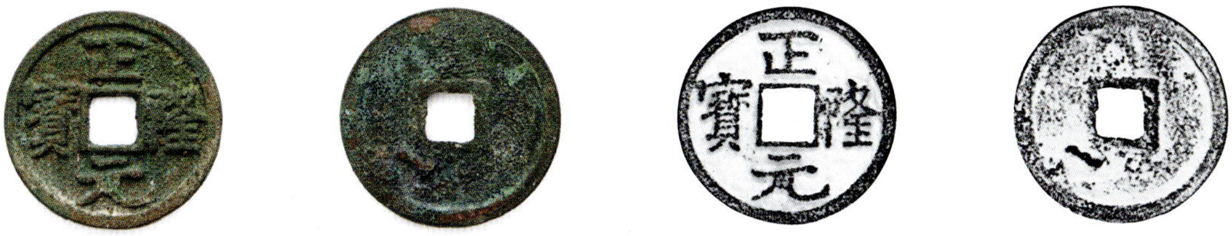

J2：80

径24.93毫米，厚1.71毫米，重3.98克。金正隆元宝，真书，背无文。

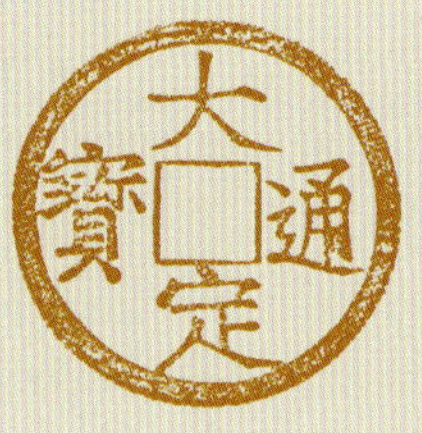

2. 大定通宝

J1、J2 分别有 2、4 枚，共 6 枚。

金世宗大定年间（1161 ～ 1189 年）铸造。钱文顺读。真书。钱文有别。

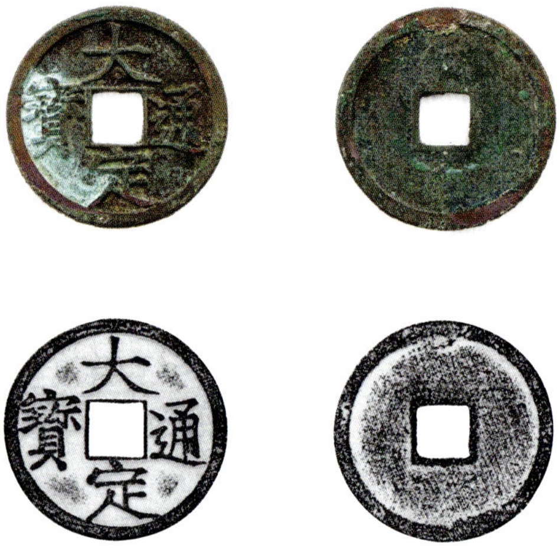

J1：9

径25.30毫米，厚1.33毫米，重3.50克。金大定通宝，真书，背无文。

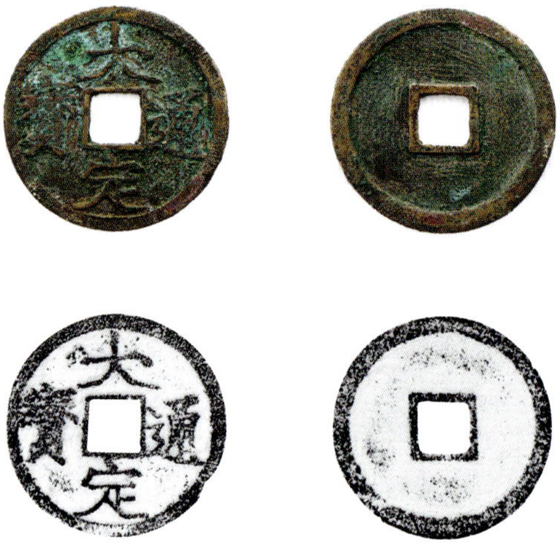

J1：220

径25.77毫米，厚1.38毫米，重3.58克。金大定通宝，真书，大字三角“通”，背无文。

J2：191

径26.00毫米，厚2.82毫米，重4.20克。金大定通宝，真书，背无文。铁钱。

外国铜钱

越南铜钱（1个品种）

天福镇宝

J1、J2分别有3、1枚，共4枚。

越南黎朝黎桓天福五年（984年，北宋雍熙元年）始铸。钱文顺读。隶书。背国号“黎”字。

J1：85

径24.20毫米，厚1.00毫米，重2.43克。越南天福镇宝，隶书，背“黎”，越南钱。

生产生活、铸造工艺、装饰或风俗信仰相关铜钱

J1、J2 分别有 80、35 枚，共 115 枚。

1. J1

按铜钱铸行年代顺序排列，窖藏 J1 铜钱标本如下。

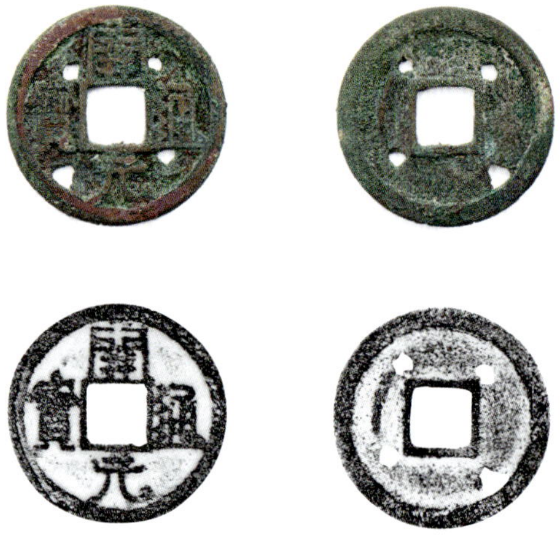

BJ1：4

径25.20毫米，厚1.30毫米，重3.37克。唐开元通宝，四孔洞，背左月。

BJ1：5

径24.56毫米，厚1.30毫米，重3.30克。唐开元通宝，外缘大齿轮痕。

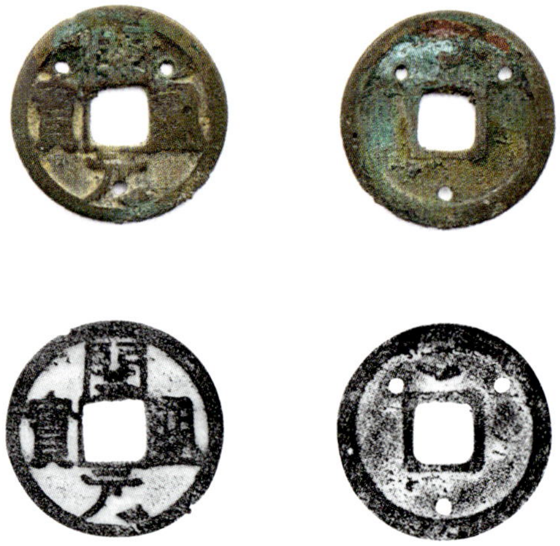

BJ1：6

径24.68毫米，厚1.30毫米，重3.50克。唐开元通宝，三孔洞，背上月。

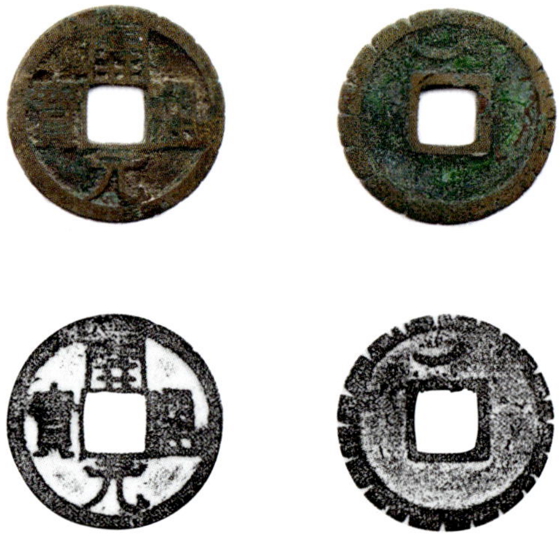

BJ1：8

径24.86毫米，厚1.20毫米，重3.42克。唐开元通宝，背外缘阴刻细斜齿痕，背上月。

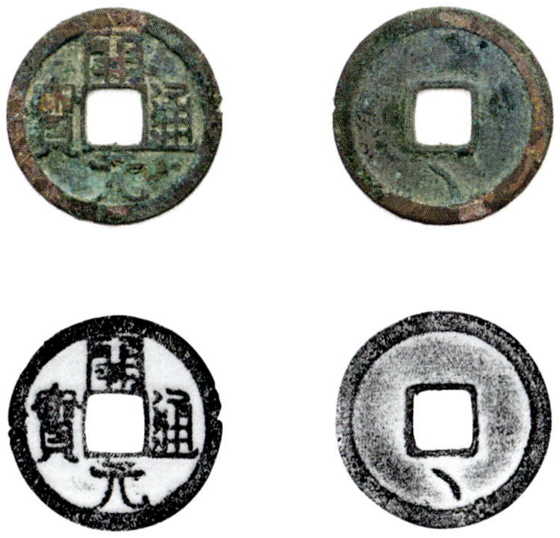

BJ1：79

径24.89毫米，厚1.33毫米，重3.64克。唐开元通宝，面外缘阴刻细斜线痕，背下右斜月。

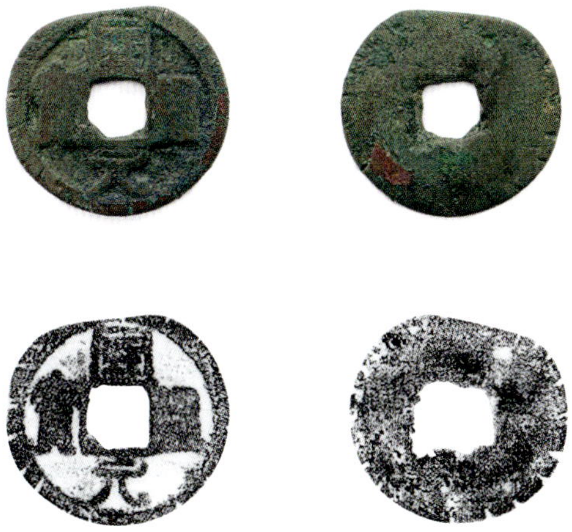

BJ1：13

径24.70毫米，厚1.92毫米，重5.44克。唐开元通宝，上部削轮，外缘阴刻细斜齿痕。

BJ1：23

径25.21毫米，厚1.50毫米，重3.73克。唐开元通宝，四小孔洞，背上月。

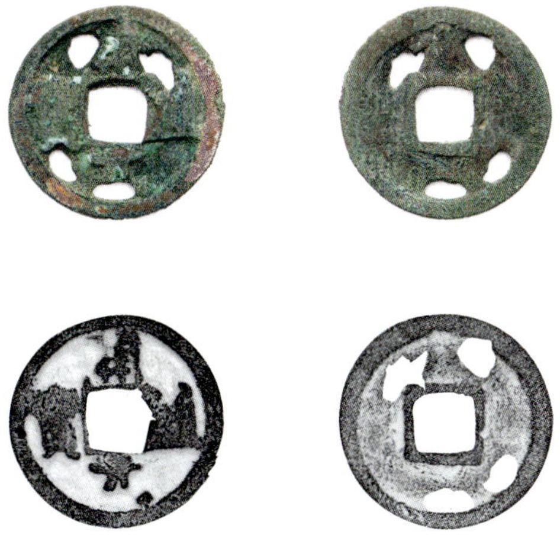

BJ1：59

径24.25毫米，厚1.32毫米，重3.10克。唐开元通宝，四不规整孔洞。

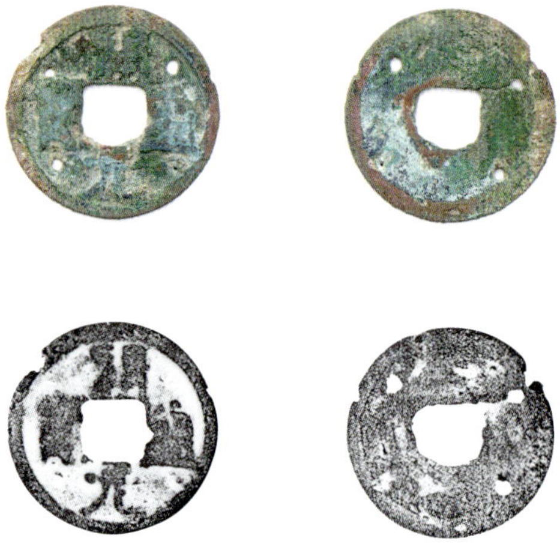

BJ1：65

径23.67毫米，厚1.08毫米，重2.70克。唐开元通宝，四孔洞。

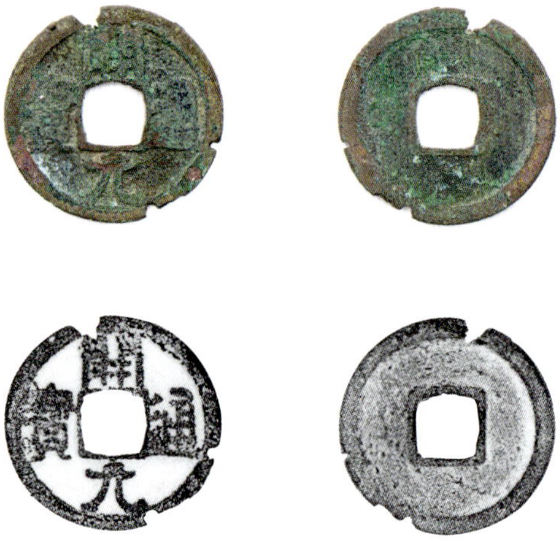

BJ1：54

径24.57毫米，厚1.39毫米，重3.50克。唐开元通宝，外缘有三缺。

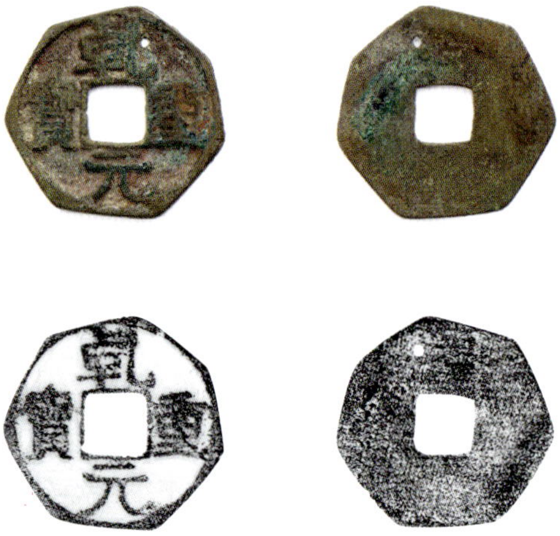

BJ1：3

径24.71毫米，厚1.15毫米，重2.96克。唐乾元重宝，小径，七边形外缘。

BJ1：49

径25.14毫米，厚1.46毫米，重3.90克。唐乾元重宝，小径，外缘阴刻斜齿痕，背下月。

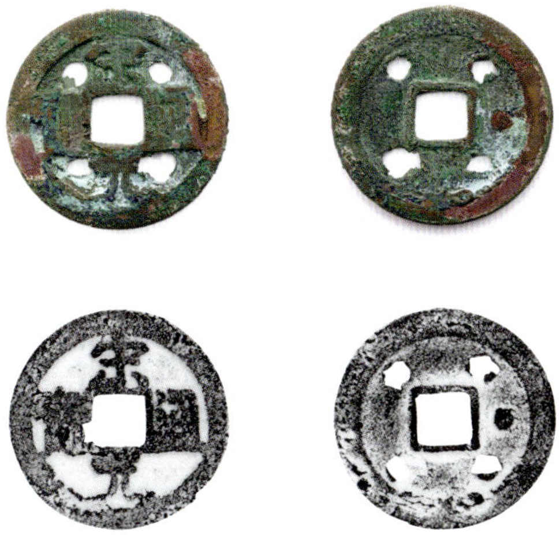

BJ1：7

径25.48毫米，厚1.56毫米，重2.86克。北宋宋元通宝，隶书小平，四大孔洞，背右星。

BJ1：1

径24.25毫米，厚1.40毫米，重3.52克。北宋太平通宝，隶书小平，外缘大齿轮。

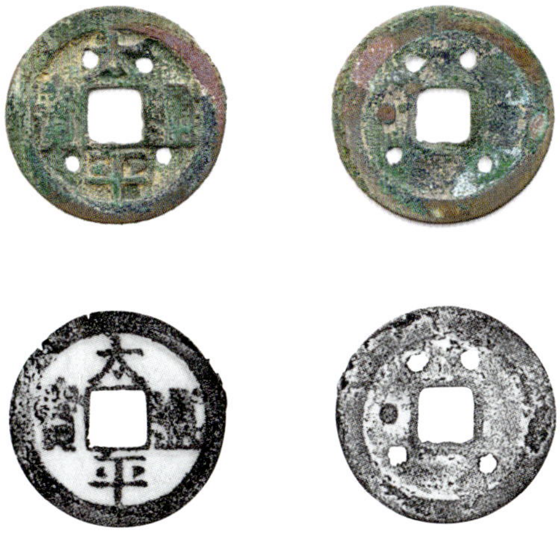

BJ1：45

径25.08毫米，厚1.25毫米，重3.20克。北宋太平通宝，隶书小平，四孔洞，背左星。

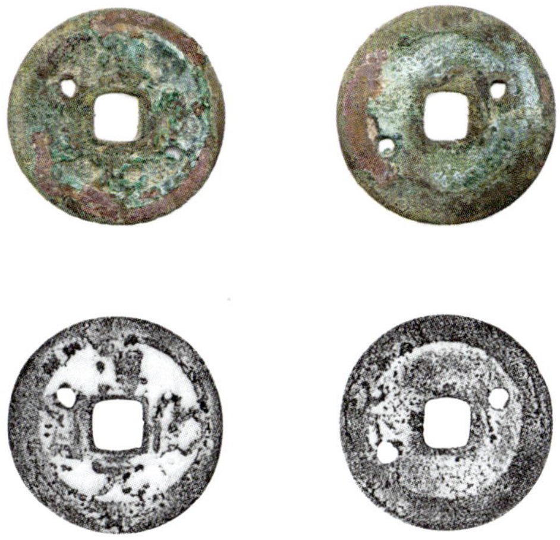

BJ1：42

径24.52毫米，厚1.35毫米，重3.80克。北宋淳化元宝，真书小平，二孔洞。

BJ1：11

径24.70毫米，厚1.30毫米，重3.46克。北宋淳化元宝，行书小平，四大孔洞。

BJ1：14

径24.71毫米，厚1.20毫米，重2.57克。北宋至道元宝，草书小平，圆角五边形外缘。

BJ1：25

径25.10毫米，厚1.28毫米，重3.72克。北宋咸平元宝，真书小平，四孔洞。

BJ1：62

径24.60毫米，厚1.45毫米，重3.70克。北宋景德元宝，真书小平，圆穿。

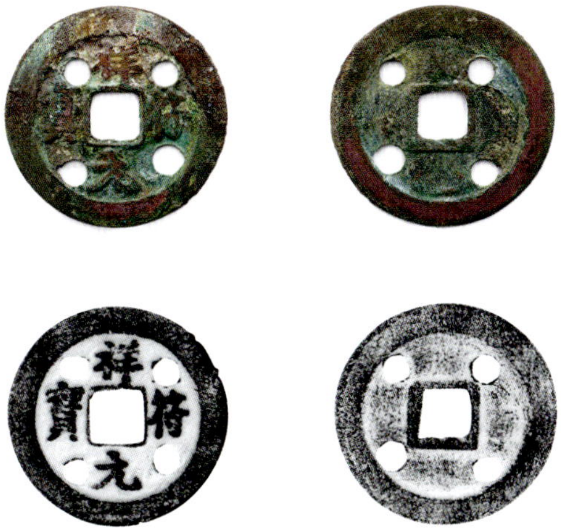

BJ1：20

径25.70毫米，厚1.29毫米，重3.94克。北宋祥符元宝，真书小平，四孔洞。

BJ1：71

径24.77毫米，厚1.23毫米，重3.30克。北宋祥符元宝，真书小平，冲圆穿。

BJ1：64

径24.86毫米，厚1.30毫米，重3.30克。北宋祥符元宝，真书小平，二孔洞。

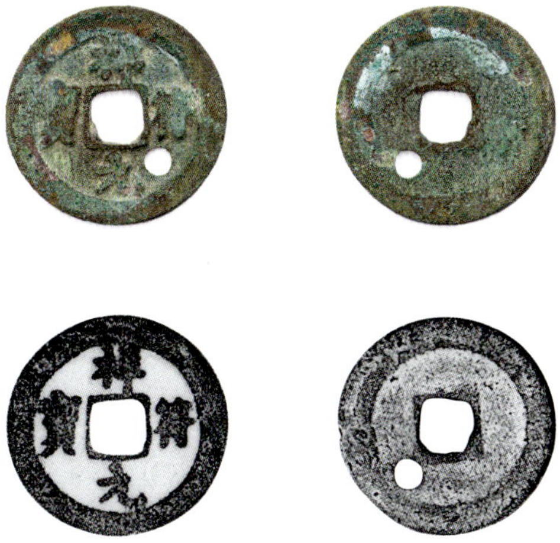

BJ1：53

径24.82毫米，厚1.32毫米，重4.00克。北宋祥符元宝，真书小平，5点处孔洞。

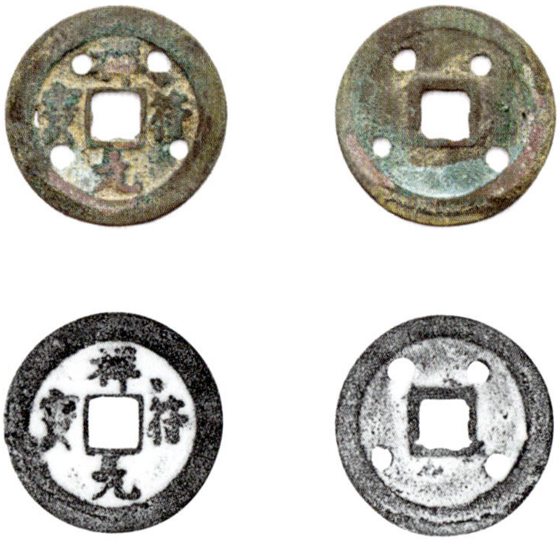

◎ BJ1：55

径25.00毫米，厚1.21毫米，重3.10克。北宋祥符元宝，真书小平，四孔洞。

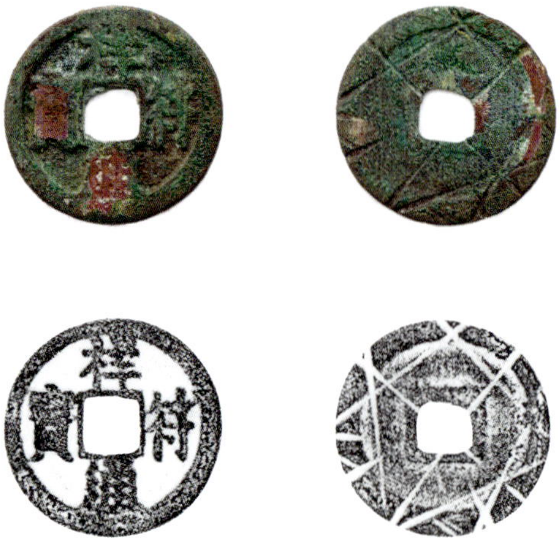

◎ BJ1：10

径24.52毫米，厚1.40毫米，重3.59克。北宋祥符通宝，真书小平，背交错阴刻直线痕。

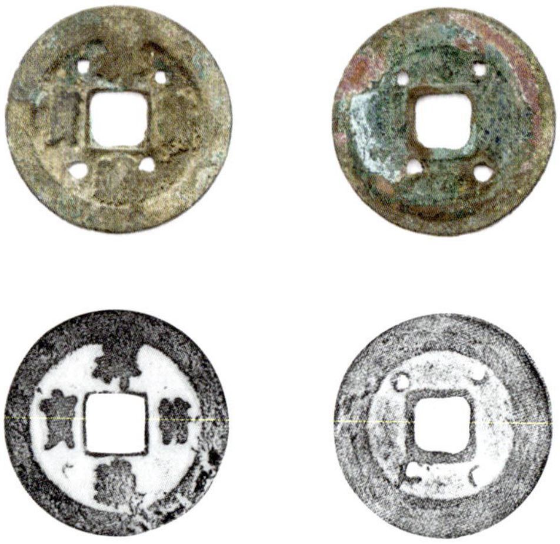

◎ BJ1：74

径25.78毫米，厚1.30毫米，重3.80克。北宋祥符通宝，真书小平，四孔洞。

◎ BJ1：46

径25.61毫米，厚1.13毫米，重3.70克。北宋天禧通宝，真书小平，外缘齿轮。

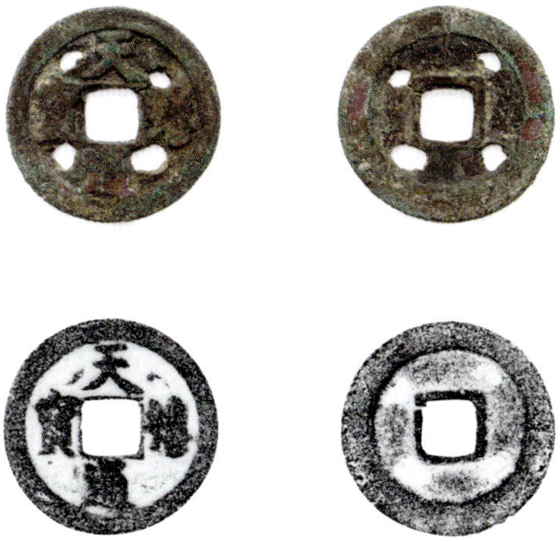

BJ1：2

径24.10毫米，厚1.40毫米，重3.53克。北宋天禧通宝，真书小平，四孔洞。

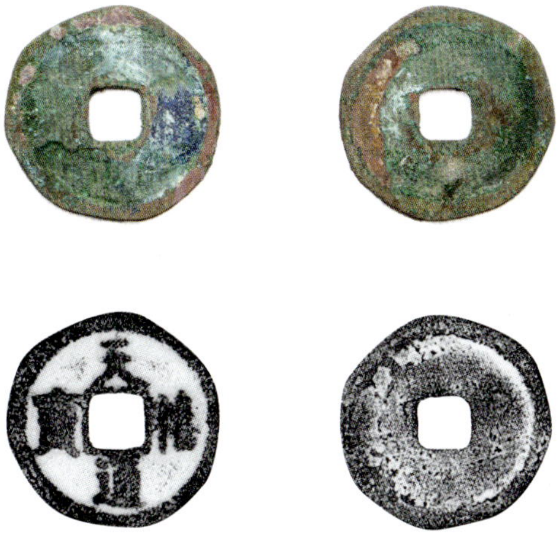

BJ1：80

径24.41毫米，厚1.22毫米，重3.48克。北宋天禧通宝，真书小平，多边形外缘。

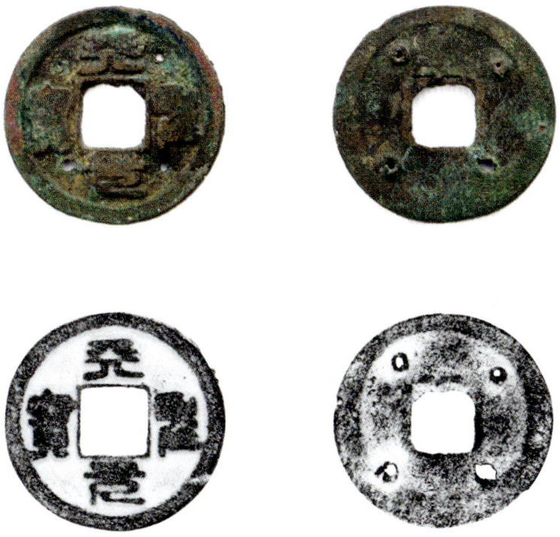

BJ1：31

径25.20毫米，厚1.50毫米，重3.54克。北宋天圣元宝，篆书小平，四小孔洞。

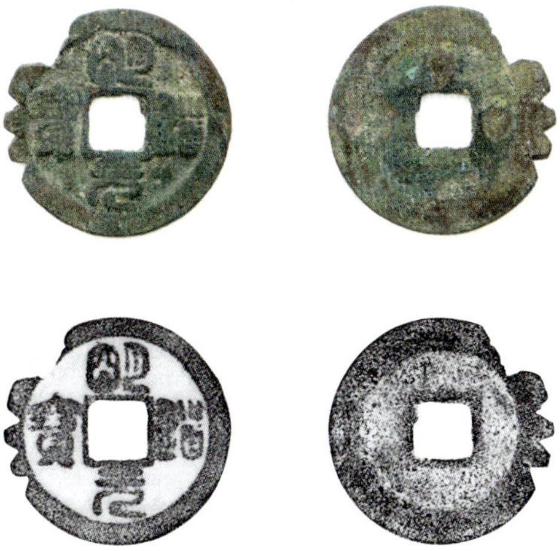

BJ1：40

径25.93毫米，厚1.26毫米，重3.80克。北宋明道元宝，篆书小平，左半面外缘齿轮痕。

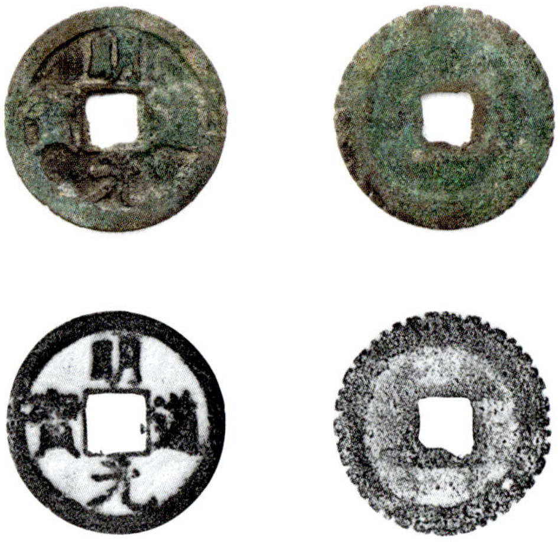

BJ1：58

径25.42毫米，厚1.35毫米，重3.70克。北宋明道元宝，真书小平，背缘阴刻斜齿痕。

BJ1：61

径25.47毫米，厚1.27毫米，重3.70克。北宋景祐元宝，篆书小平，“元”下外缘有缺。

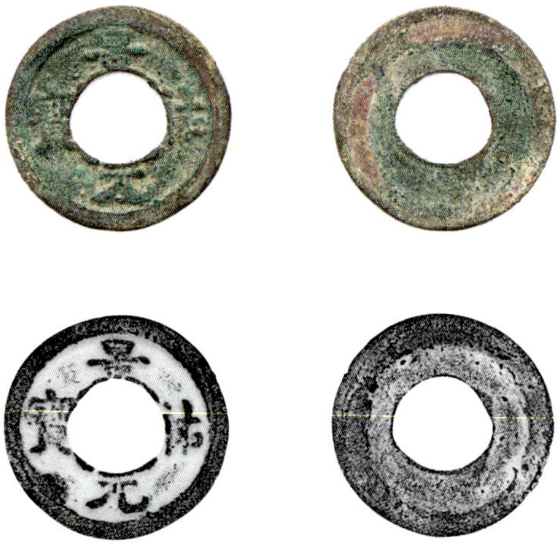

BJ1：72

径25.62毫米，厚1.19毫米，重3.10克。北宋景祐元宝，真书小平，冲圆穿。

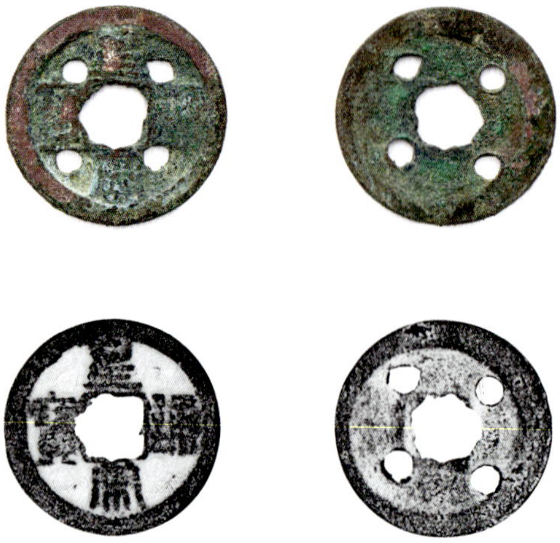

BJ1：56

径24.91毫米，厚1.47毫米，重3.90克。北宋皇宋通宝，篆书小平，四孔洞。

BJ1：24

径24.50毫米，厚1.32毫米，重3.05克。北宋皇宋通宝，篆书小平，八孔洞。

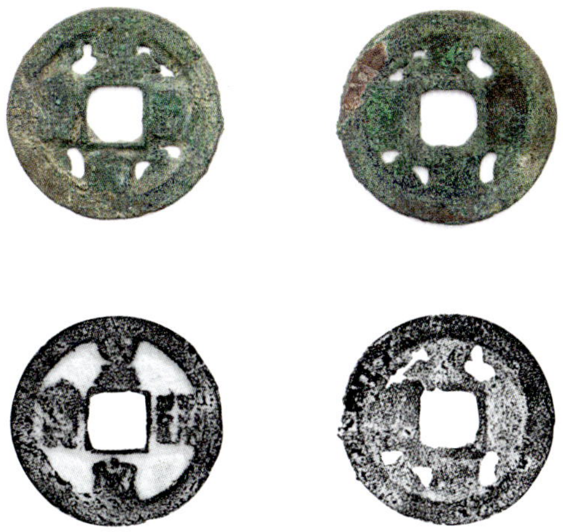

BJ1：69

径24.36毫米，厚1.17毫米，重2.90克。北宋皇宋通宝，篆书小平，四不规则孔洞，铸造所致。

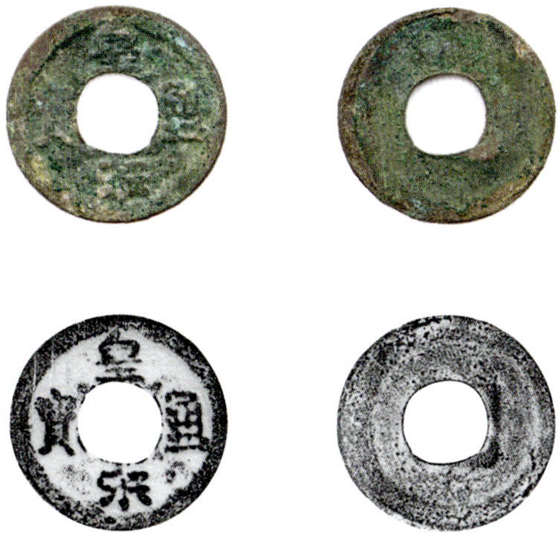

BJ1：52

径25.04毫米，厚1.31毫米，重3.40克。北宋皇宋通宝，真书小平，冲圆穿。

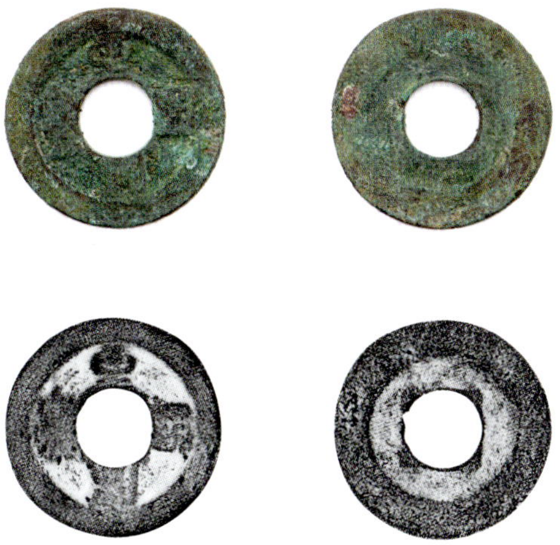

BJ1：75

径25.06毫米，厚1.42毫米，重4.10克。北宋至和通宝，篆书小平，冲圆穿。

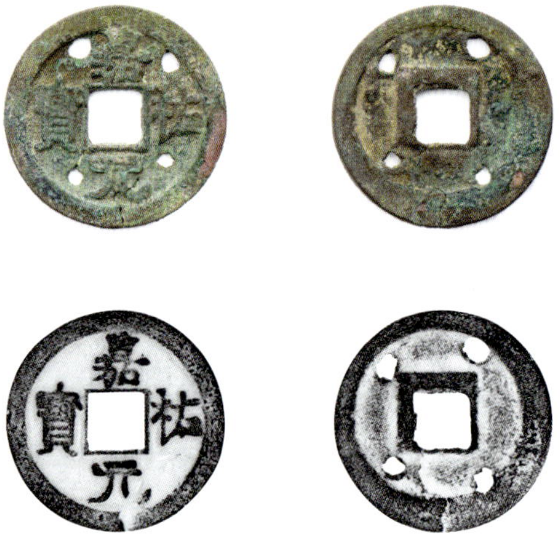

◎ BJ1：73

径25.49毫米，厚1.61毫米，重4.20克。北宋嘉祐元宝，真书小平，四孔洞。

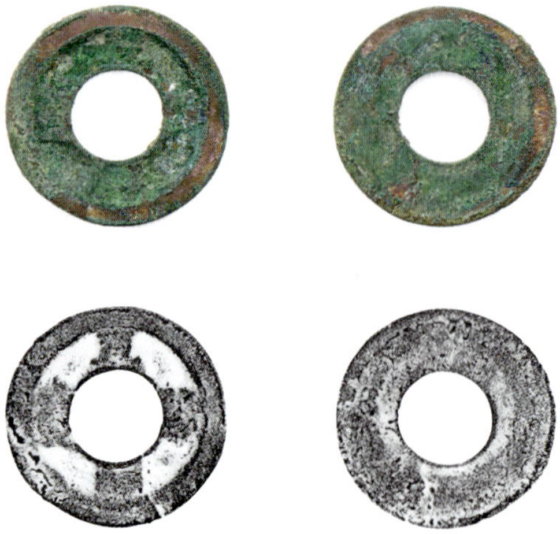

◎ BJ1：41

径25.58毫米，厚1.50毫米，重3.80克。北宋嘉祐通宝，篆书小平，冲圆穿。

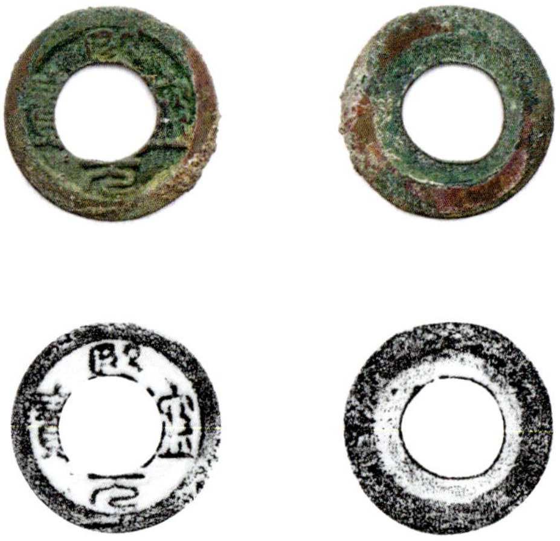

◎ BJ1：18

径23.88毫米，厚1.53毫米，重3.28克。北宋熙宁元宝，篆书小平，冲圆穿。

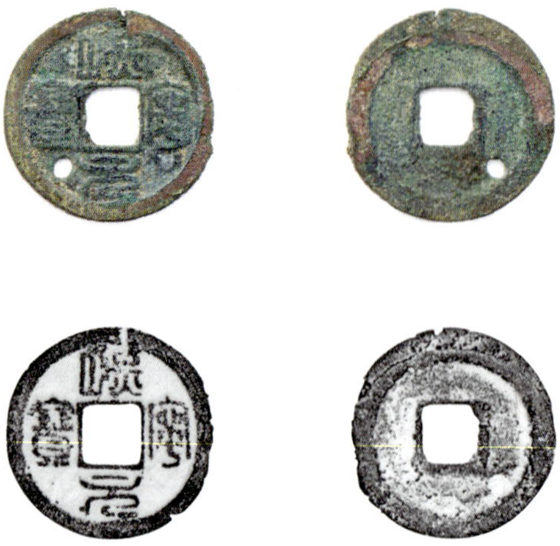

◎ BJ1：50

径23.52毫米，厚1.37毫米，重3.30克。北宋熙宁元宝，篆书小平，7点处孔洞。

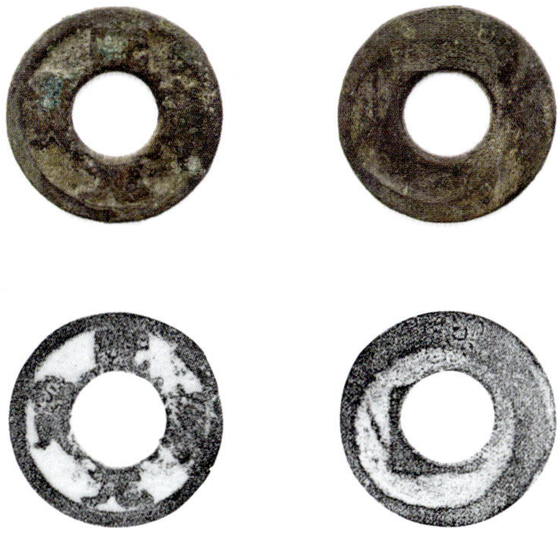

BJ1：39

径24.48毫米，厚1.55毫米，重3.90克。北宋熙宁元宝，真书小平，冲圆穿。

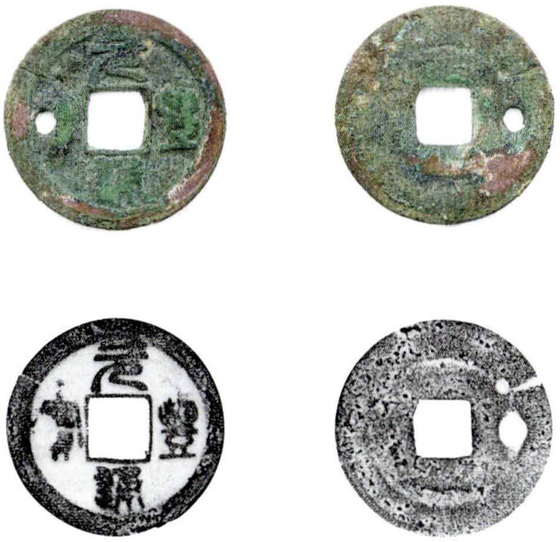

BJ1：60

径25.06毫米，厚1.62毫米，重4.10克。北宋元丰通宝，篆书小平，一孔洞。

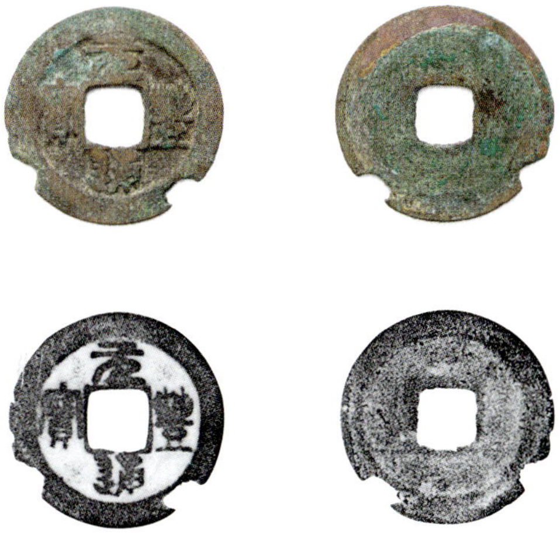

BJ1：66

径24.83毫米，厚1.18毫米，重3.30克。北宋元丰通宝，篆书小平，外缘有二缺。

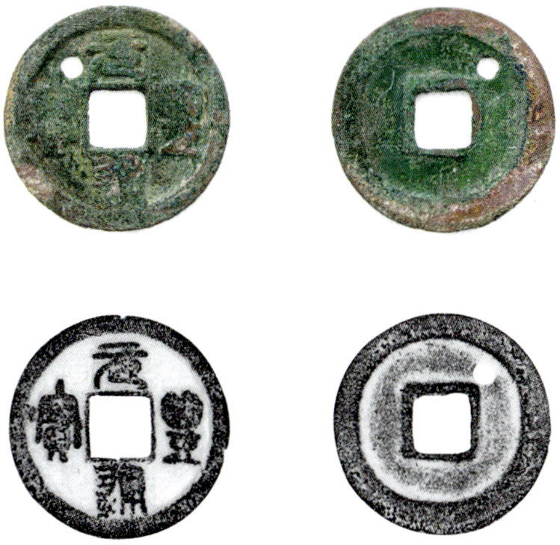

BJ1：47

径25.66毫米，厚1.47毫米，重4.40克。北宋元丰通宝，篆书小平，11点处孔洞。

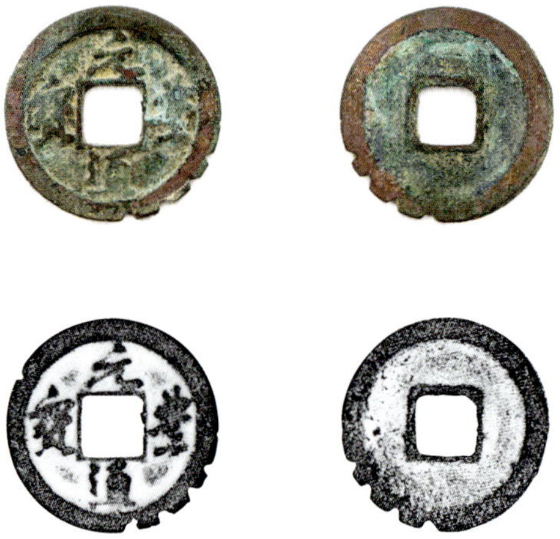

◎ BJ1：76

径24.08毫米，厚1.58毫米，重4.30克。北宋元丰通宝，行书小平，右下角外缘齿轮痕。

◎ BJ1：22

径28.27毫米，厚1.95毫米，重6.66克。北宋元丰通宝，篆书折二，面外缘斜弧。

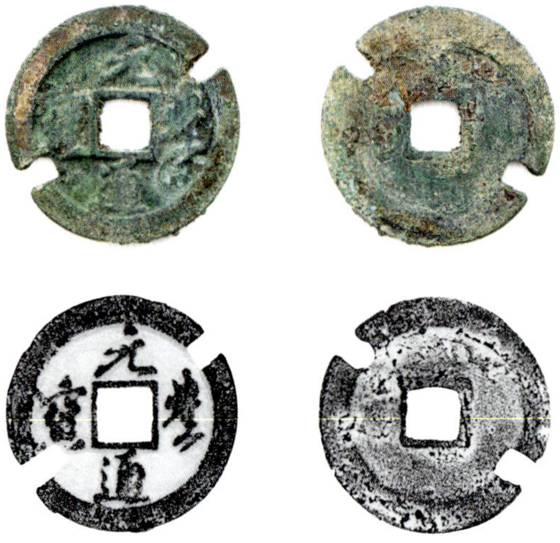

◎ BJ1：44

径28.49毫米，厚1.90毫米，重6.60克。北宋元丰通宝，行书折二，外缘对称缺。

◎ BJ1：57

径24.60毫米，厚1.34毫米，重3.60克。北宋元祐通宝，篆书小平，冲圆穿。

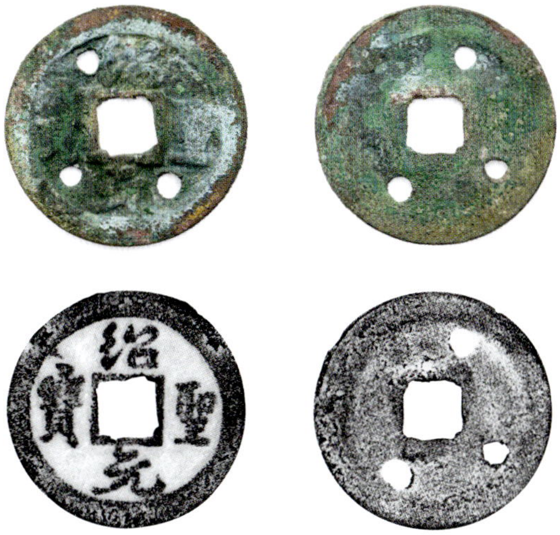

BJ1：48

径29.30毫米，厚1.34毫米，重5.02克。北宋绍圣元宝，行书折二，三孔洞。

BJ1：70

径25.00毫米，厚1.29毫米，重3.70克。北宋圣宋元宝，行书小平，四孔洞。

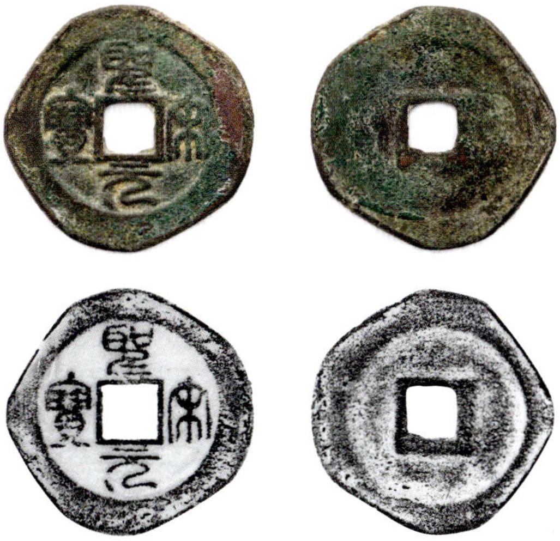

BJ1：9

径30.27毫米，厚2.11毫米，重7.72克。北宋圣宋元宝，篆书折二，圆角四边形外缘。

BJ1：43

径34.43毫米，厚1.81毫米，重7.70克。北宋崇宁重宝，隶书折十，冲圆穿。

◎ BJ1：37

径33.60毫米，厚2.20毫米，重10.10克。北宋崇宁重宝，隶书折十，穿圆孔。

◎ BJ1：38

径34.75毫米，厚2.25毫米，重11.22克。北宋崇宁重宝，隶书折十，花穿。

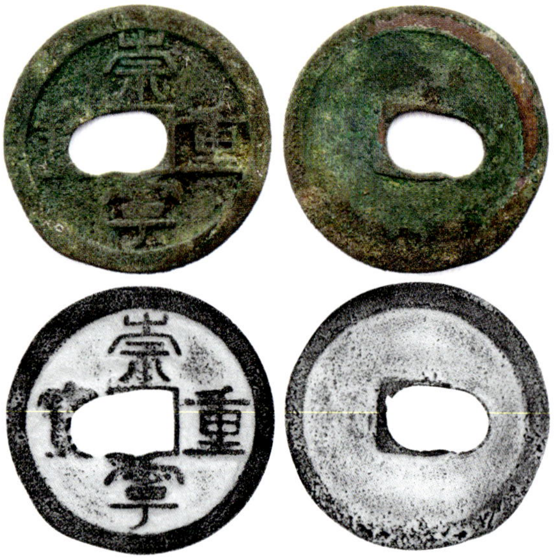

◎ BJ1：35

径35.93毫米，厚2.01毫米，重10.12克。北宋崇宁重宝，隶书折十，不规则孔洞。

◎ BJ1：36

径34.30毫米，厚1.95毫米，重10.40克。北宋崇宁重宝，隶书折十，十点处孔洞。

J1：223

径34.74毫米，厚1.28毫米，重6.49克。北宋崇宁重宝，隶书折十，叠文，铸造所致。

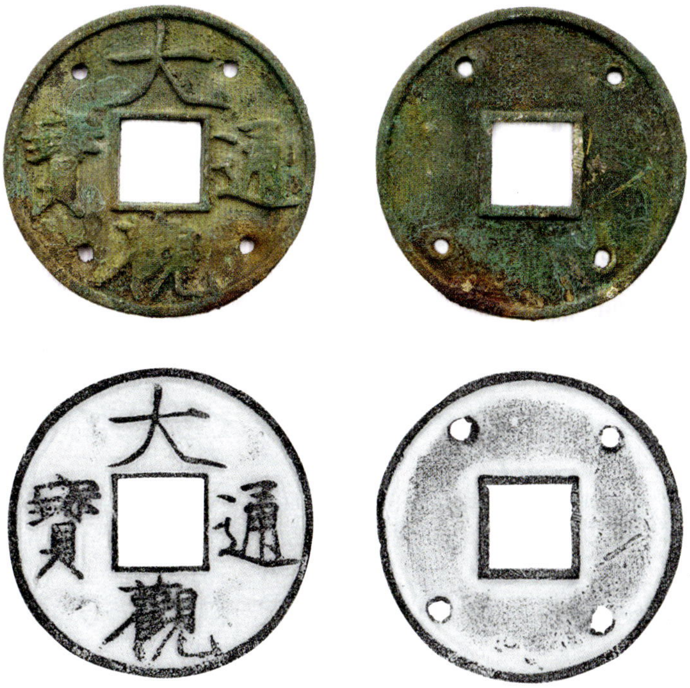

J1：335

径41.58毫米，厚2.84毫米，重18.10克。北宋大观通宝，瘦金体折十，四孔洞。

2. J2

按铜钱铸行年代顺序排列，窖藏 J2 铜钱标本如下。

BJ2：16

径24.27毫米，厚1.20毫米，重2.69克。三国魏五铢，外缘锯齿痕。

BJ2：22

径24.42毫米，厚1.20毫米，重2.60克。唐开元通宝，外缘一半锯齿痕。

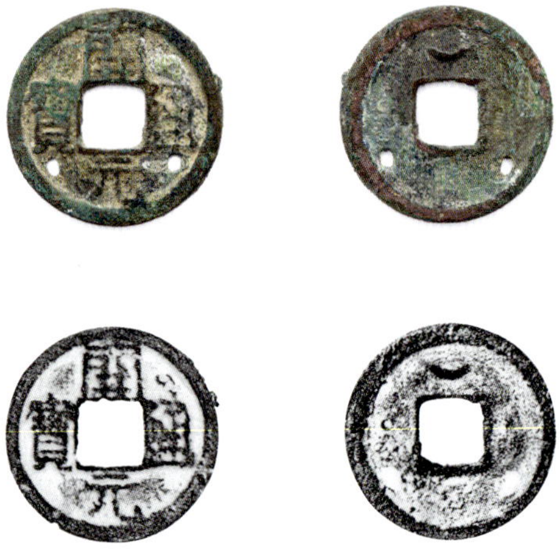

BJ2：14

径23.95毫米，厚1.22毫米，重3.02克。唐开元通宝，二孔洞，背上月。

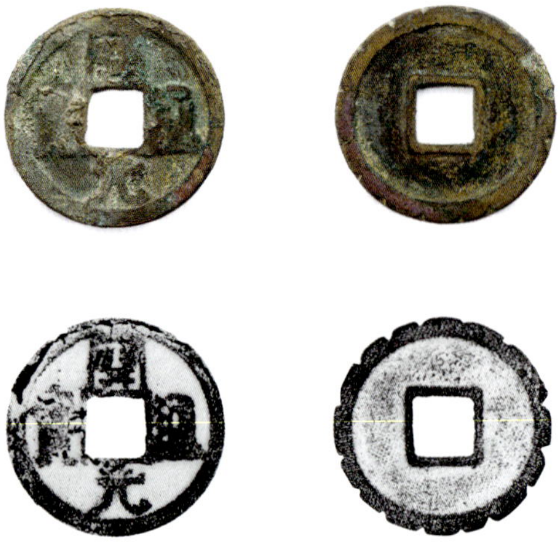

BJ2：24

径25.05毫米，厚1.61毫米，重4.10克。唐开元通宝，背外缘阴刻细斜齿痕。

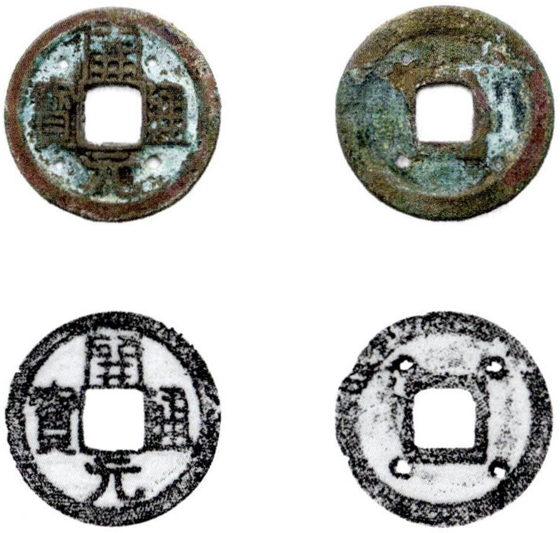

◘ BJ2：8

径24.52毫米，厚1.38毫米，重3.60克。唐开元通宝，四小孔洞。

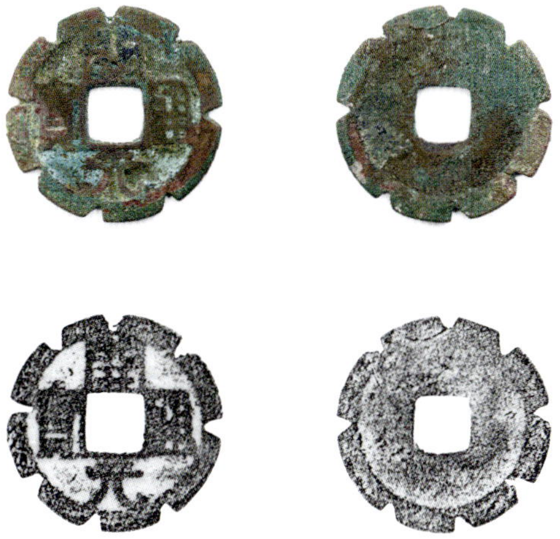

◘ BJ2：9

径24.51毫米，厚1.04毫米，重2.94克。唐开元通宝，外缘大齿轮。

◘ BJ2：12

径25.49毫米，厚1.14毫米，重2.79克。唐开元通宝，应为软质范所铸。

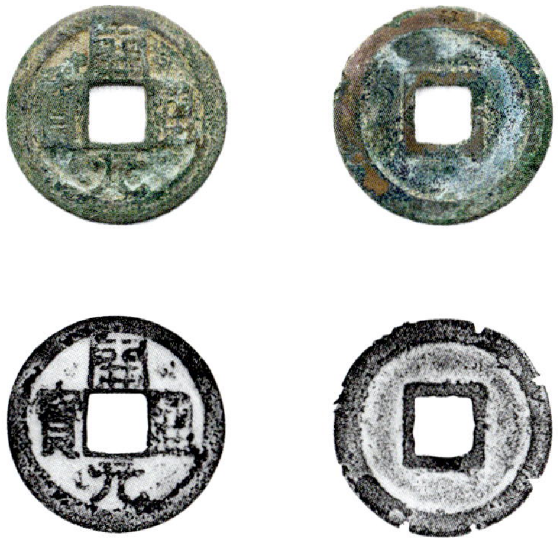

◘ BJ2：27

径24.91毫米，厚1.44毫米，重4.10克。唐开元通宝，背外缘阴刻细疏斜齿痕。

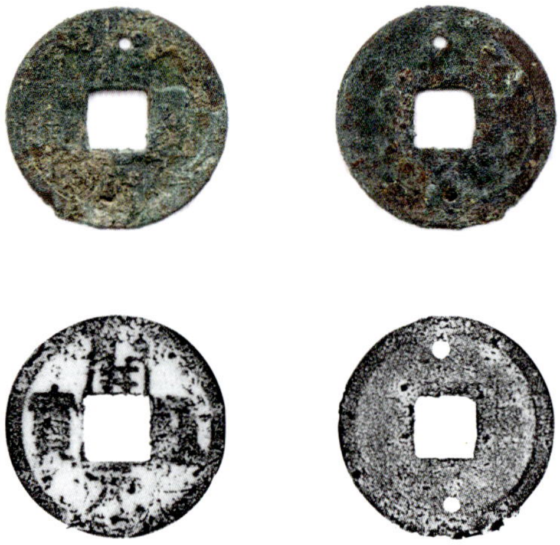

BJ2：29

径25.22毫米，厚1.66毫米，重3.70克。唐开元通宝，上、下双孔洞。

BJ2：31

径25.22毫米，厚1.60毫米，重3.40克。唐开元通宝，不规则孔洞。

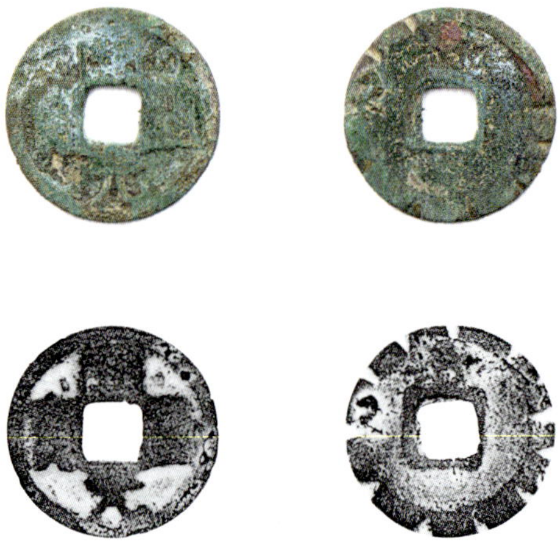

BJ2：26

径23.50毫米，厚1.37毫米，重3.60克。唐会昌开元通宝，背上“洛”，背外缘阴刻粗斜齿痕。

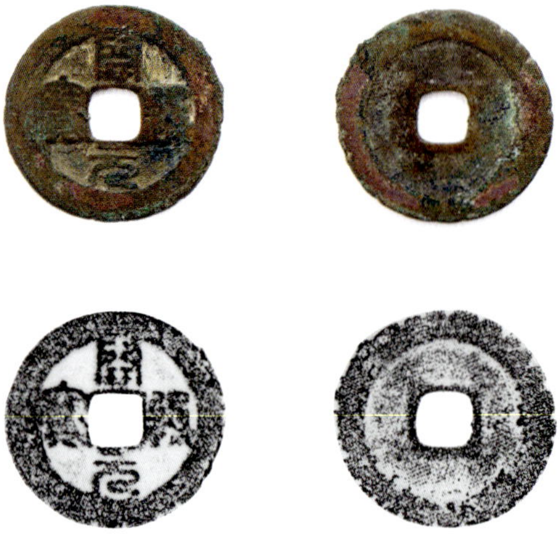

BJ2：19

径25.10毫米，厚1.30毫米，重3.74克。五代南唐开元通宝，篆书，背外缘细齿痕。

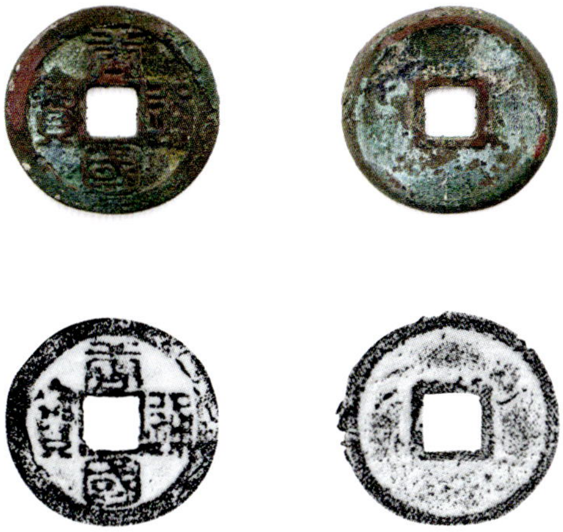

BJ2：2

径23.70毫米，厚1.53毫米，重3.73克。五代南唐唐国通宝，篆书，背外缘斜弧。

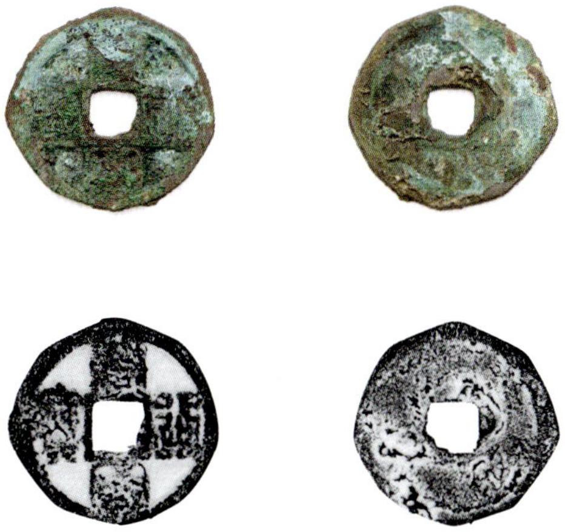

BJ2：35

径22.96毫米，厚1.62毫米，重3.77克。五代南唐唐国通宝，篆书，多边形外缘。

BJ2：13

径25.30毫米，厚1.66毫米，重4.04克。北宋至道元宝，行书小平，四孔洞。

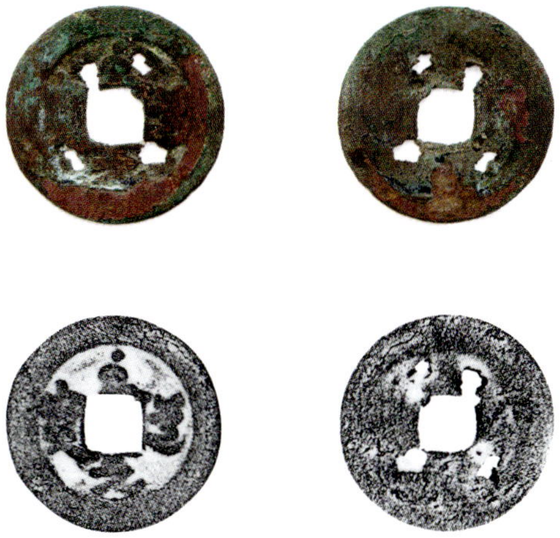

BJ2：10

径24.26毫米，厚0.82毫米，重1.91克。北宋至道元宝，草书小平，四大孔洞。

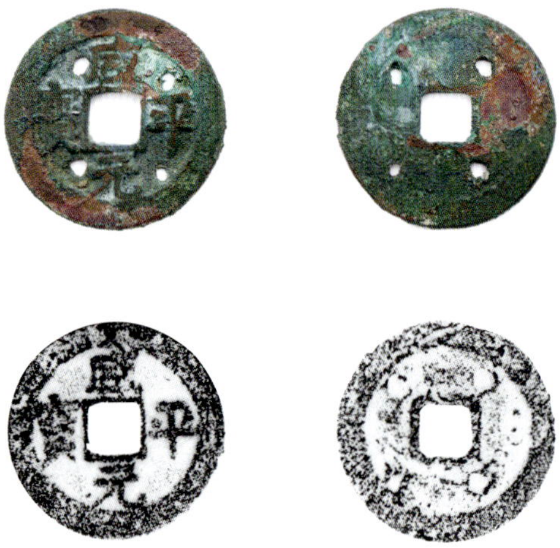

BJ2：11

径24.88毫米，厚1.53毫米，重3.99克。北宋咸平元宝，真书小平，四孔洞。

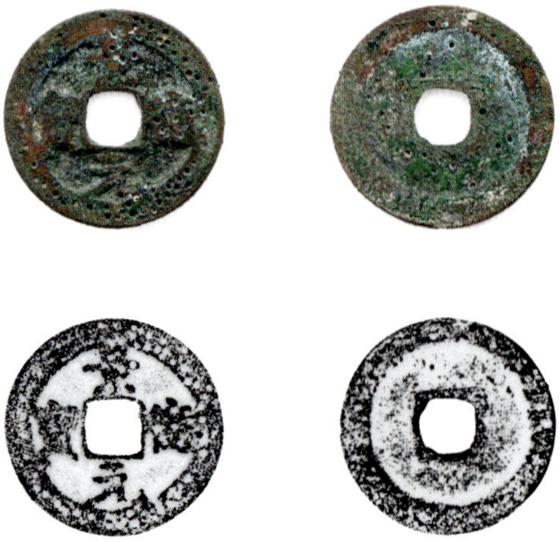

BJ2：18

径24.68毫米，厚1.36毫米，重3.82克。北宋景德元宝，真书小平，多气孔，铸造所致。

BJ2：4

边20.91毫米，厚1.16毫米，重2.61克。北宋祥符元宝，真书小平，圆角四边形外缘。

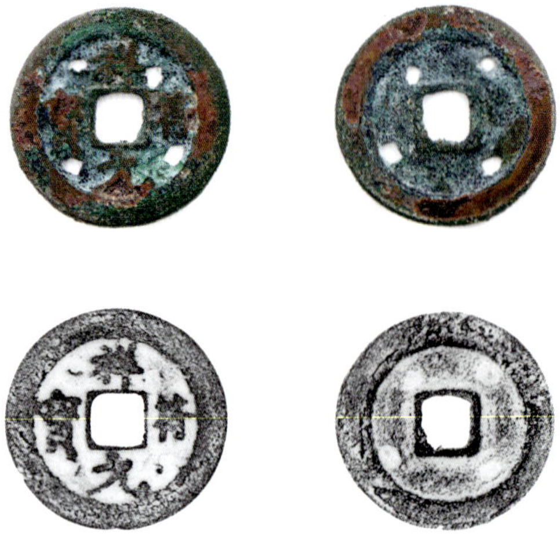

BJ2：7

径25.39毫米，厚1.40毫米，重2.81克。北宋祥符元宝，真书小平，四孔洞。

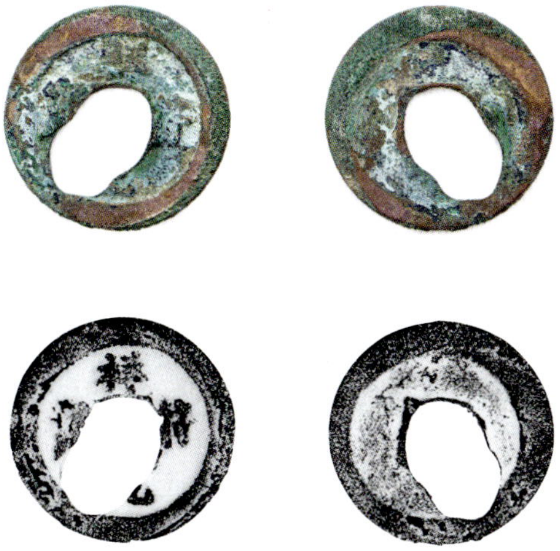

BJ2：23

径25.61毫米，厚1.31毫米，重3.40克。北宋祥符元宝，真书小平，不规整孔洞。

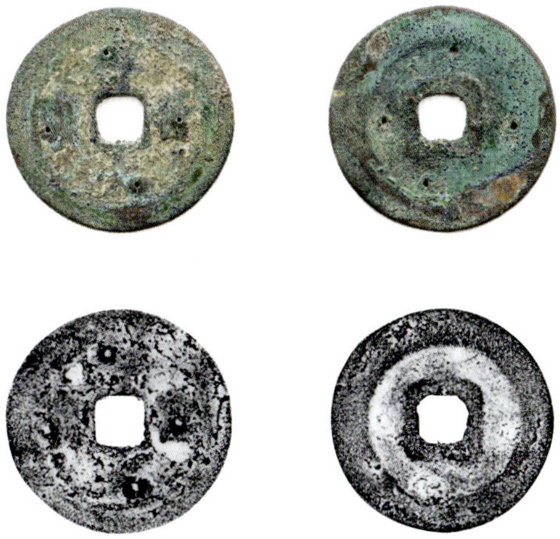

BJ2：28

径26.14毫米，厚1.32毫米，重3.90克。北宋祥符元宝，真书小平，四细小孔洞。

BJ2：30

径25.18毫米，厚1.36毫米，重3.20克。北宋祥符元宝，真书小平，不规则孔洞。

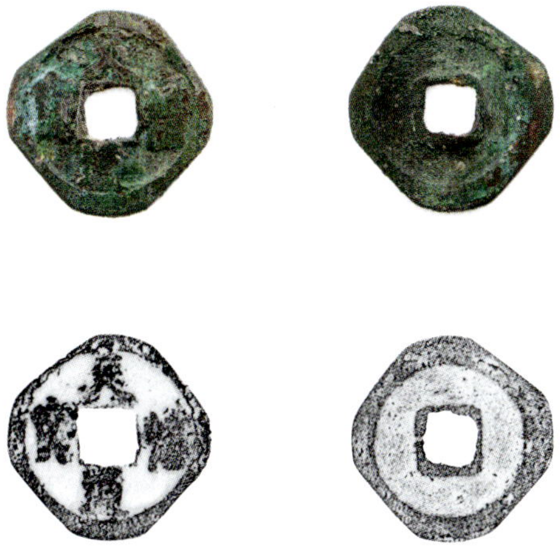

BJ2：17

径22.37毫米，厚1.46毫米，重3.44克。北宋天禧通宝，真书小平，圆角四边形外缘。

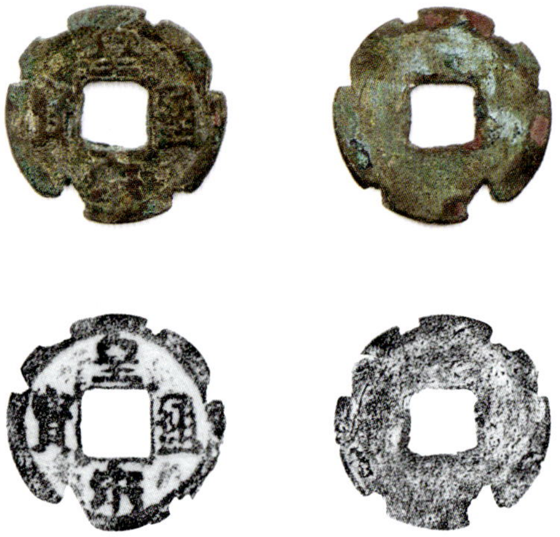

BJ2：15

径25.10毫米，厚1.31毫米，重3.86克。北宋皇宋通宝，真书小平，外缘有六处缺。

BJ2：5

径24.46毫米，厚1.50毫米，重3.80克。北宋元丰通宝，篆书小平，冲圆穿。

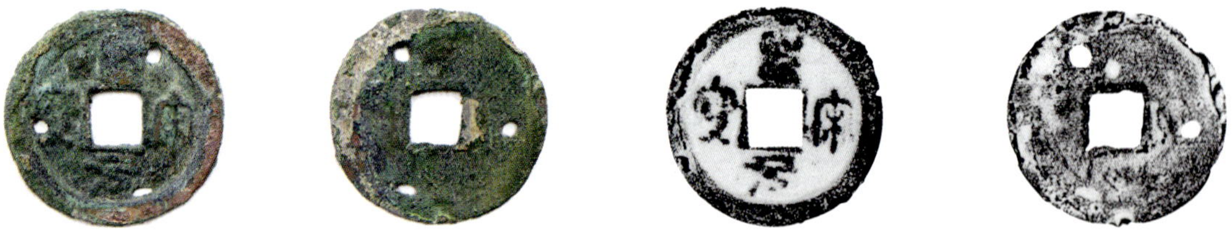

BJ2：25

径25.67毫米，厚1.50毫米，重4.30克。北宋圣宋元宝，篆书小平，三孔洞。

BJ2：6

径25.08毫米，厚1.37毫米，重3.22克。北宋圣宋元宝，行书小平，四孔洞。

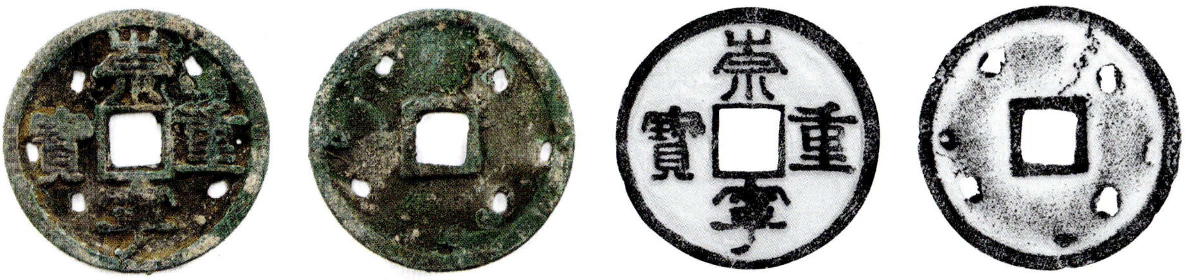

BJ2：20

径35.32毫米，厚2.25毫米，重11.91克。北宋崇宁重宝，隶书折十，多孔洞。

3. 其他

J1：295

径25.10毫米，厚1.22毫米，重3.40克。无文铜钱，穿上有孔洞。

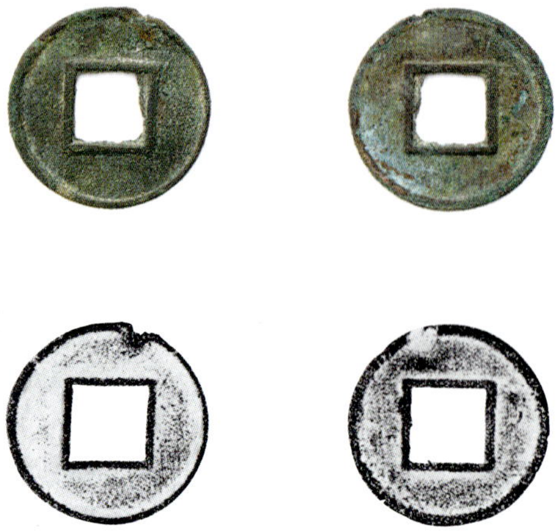

J2：102

径22.36毫米，厚1.24毫米，重1.97克。无文铜钱，似货泉合面。

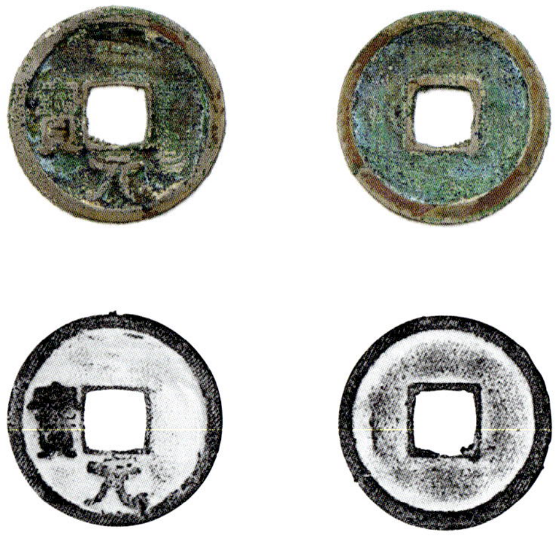

J2：1

径24.80毫米，厚1.45毫米，重3.37克。唐开元通宝，“开”“通”被抠磨掉。

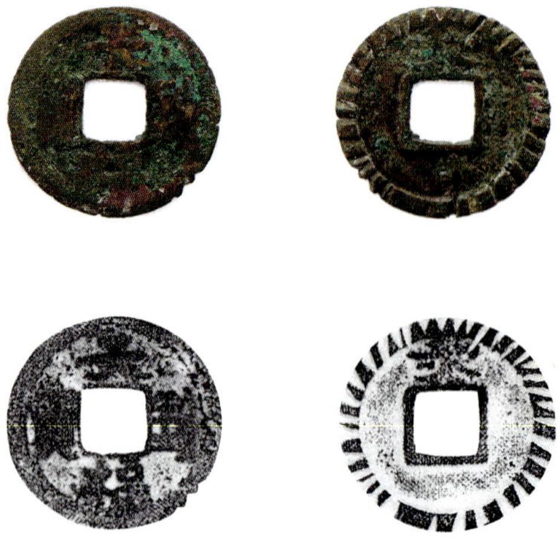

BJ1：26

径24.30毫米，厚0.95毫米，重2.06克。越南天福镇宝，隶书，背“黎”，背缘阴刻斜齿痕。

后　记

本书是周口市文物考古所集体劳动的成果。

本书根据2018年10月在周口市运粮河畔安置房建设工地考古发掘清理出土的古钱币编撰而成。现场考古清理发掘工作由李全立、韩严振、高礼祥、杨苗蒲、尹腾飞完成，考古发掘后，我们对出土古钱币进行了初步整理分类，并通过新闻媒体向社会公布了出土古钱币的大致情况。室内整理工作由李全立、崔卫华负责组织协调。2019年春节后，开始对出土古钱币进行全面清理和分类及数量统计。因基本建设考古任务较多，室内整理工作时断时续，我们利用工作间隙及节假日进行清理分类。室内整理得到周口市中心文物库房崔卫华主任的大力支持和尹腾飞、王建胜、胡素华的辛苦协助，古钱币拍摄得到了DREAMER追梦摄影工作室的技术支持，科学出版社博物馆分社张亚娜社长和编辑樊鑫为本书的出版付出了辛勤的劳动。特此致谢！

整理工作完成后，根据古钱币的品种和保存情况，从中挑选497枚进行测量和称重，并拓片、照相，编辑成图录，让对本次考古发掘成果有所期待的广大读者和文物爱好者能够一窥运粮河畔宋金遗址的文化内涵。

本图录是集体劳动的成果，具体分工如下。

分类统计：韩严振、胡素华、王建胜、尹腾飞、韩利锋、李红学、梁伟

文字描述：韩严振、崔卫华

测量称重：韩严振、尹腾飞、王建胜

拓　　片：尹腾飞、唐涛

摄　　影：韩利锋、杨苗蒲

限于编者的学识和水平，书中难免有错讹之处，敬请有关专家、读者不吝批评指正。

编者

2021年10月26日